ベテラン税理士
だけが知っている
一人起業の
成功パターン

堂上孝生
アアクス堂上税理士事務所代表税理士

合同フォレスト

はじめに

いまがチャンス！　一人起業に広がる無料支援の輪

この本を手に取ってくださったあなたは、起業しようとお考えですね。いや、どうしようか迷っているところでしょうか。

やってみなはれ！　いまこそチャンスです。

各種手続き、知識・ノウハウ、資金調達、人材確保などは心配ご無用！

目を凝らしてみると、実際の起業現場では、多くの無料または超格安の起業支援サービスが提供され、それらには公的機関の位置付けにある認定支援機関を含め、税理士、弁護士などの公的資格を表示して紹介されています。

また、それらのサービス情報の中には、必ずしも法的な裏付けはありませんが、インターネットなどで起業支援を公表し広告しているものが少なくありません。

起業を山登りにたとえると登山ザイルのような、いわば「セーフティー・ロープ」であり、これらは数多くありますのでご安心ください。

さらに、政府も「一人起業」に対する支援体制を整えています。代表的なものは、「セーフティー・ネット」と表現されている公的資金調達の制度です。これらは、政府・地方自治体が法令に基づき、ネットワーク機能として条件を定めて公表しています。

1つ目は、地方自治体が信用保証協会の保証付き融資銀行を紹介する「小規模融資」。

2つ目は、商工会議所の「マル経資金」、それに日本政策融資公庫（日本公庫）の「公的融資」。

3つ目は、国による返還不要の「助成金」や「補助金」など。

これらが、政府の起業家向けの融資などに関するセーフティー・ネットです。

また、あなたにいままでにない新商品や新サービスの構想があれば、通常の2倍の融資枠が与えられる制度もあります。

そのほか、資金調達以外でも一人起業向けの「経営支援」も整備されつつあります。ただし、法令の制約があるため、適用条件があなたの一人起業に適合するかどうかについては、個別の吟味が必要です。

ここに、総務省の「就業構造基本調査」に基づく調査結果があります。少し古い調査ですが、それによれば、たとえば、２００７年の新規起業家は24・８万人、起業希望者は１０１・４万人（うち起業準備者は52・1万人）となっています。つまり起業希望者は毎年約100万人いて、そのうち50万人が開業準備をしていることになります。さらに2年以内に、その半数の25万人が毎年、実際に開業しているのです。

その特徴として、女性が30パーセント、60歳以上のシニアが30パーセントという統計が浮かび上がっています。実態的に90パーセント以上がいわゆる「小規模事業者（非製造業は従業員5人以下）」です。もっと言えば、ほとんどの起業者は「一人起業」ではないかと推測します。

起業希望のあなたは、100万人のうちの一人で、こんなにも多くの仲間がいるではありませんか。それにいまは「起業の風」が吹いています。2014年の内閣改造を経たアベノミクスの成長戦略に沿って、経済産業省も「新規産業の創出、ベンチャーの創業・成長促進のために、支援人材のネットワーク構築、起業応援の税制・融資制度の整備、起業家教育の推進などの取り組みを実施しています」とうたっています。

このように、起業応援、特に社会が元気になる女性の起業には政府が力を入れています。また、シニアによる起業、経験則に裏打ちされた熟練技能の提供により、停滞しかかった社会を活性化する元気起業として注目されています。

もはや起業は、一部のお金持ちや特別な能力をもつ人だけのものではありません。起業を考える人なら誰でもトライすべきものと、政府も統計上の裏付けを基にした政策として、あなたの起業を期待しているのです。

多くの起業希望の方が心配する起業教育の推進は、政府広報でも特記されるほど重要です。近い将来には、公的な起業教育の場を設置して、教育の内容も充実させるはずです。しかし、いま現在は、残念ながら体系的な「一人起業」向けの「テキスト」はほとんど見当たりません。

本書はそのような起業時の経営本の役目を果たす目的で書いており、「自己資金なし」でもやれる「一人起業」を目指す方々を対象にしています。つまり、多額の設備投資が必要な製造業や装置産業に関わる起業向けではありません。それらを除き、非製造業に当たる飲食業とサービス業に関する経営マニュアルであり、起業準備の開業準備から創業時の初期を中心にした事業経営の教科書なのです。

本書では、起業を準備するあなたの公的支援者として、私が一人起業立上げの際のすべての不安を解消します。具体的には事業の立上げノウハウと、手続きの知識、事業が倒産しないための「セーフティー・ネット」の情報を提供します。もちろん、個々の支援サービスも提供しますが、その支援サービス・ノウハウを含む全般的な情報提供の案内書と捉えてください。

それは、一人起業成功パターンの匠である、ベテラン税理士だからこそできるのです。各章・各項目に多くの事例を提供していますので、紙上の実習により「成功のかたち」をマスターしてください。

私は過去33年にわたり、延べ約７０００人の「小規模・零細事業者」専門の支援者としての実績があります。専門分野は、税務会計および起業家の経営管理全般のコンサルティング（財務・労務・法務・営業企画など）です。通称「認定支援機関」の税理士事務所のベテラン税理士です。

本書を読み終えたとき、あなたは「一人起業家」として、自信をもって人生のリスタートを切る決意が固まることでしょう。

２０１５年４月

堂上孝生

もくじ

第3章 一人起業の守り神（セーフティー・ロープ）

第4章 一人起業にも適用がある公的融資

第5章 一人起業の成功と失敗から学ぶケーススタディー

第1章

一人起業の費用はこんなに安くすむ

1 「0円」から起業できる！

「0円から起業できる！」と言うと、にわかには信じられないかもしれませんが、これは可能です。

そもそもお金のない人は、お金の掛からない業種（仕事の種類）や業態（仕事のあり方）で立上げをするしかほかに方法はありませんから、「元手」の要らない商売を考えると思います。でも、「元手」の要らない商売なんてない、と思って、諦める人が大半かもしれません。

ところが、意外と「元手」の要らない商売はあるものです。たとえば、コンサルタント業がそうです。それも報酬を前金制にすると、さらに損をするリスクが減ります。

「赤字になったらどうするのか」と心配されるかもしれませんが、赤字である限り、赤字には税金が掛かりませんので、経営コストは０円です。

つまり、０円から起業はできます。０円からはじめる起業を一緒に考えてみましょう。

(1) 「資金なしで起業などできない」と言う起業支援者

役所や金融機関出身の方は、「０円起業などできない！」と言うかもしれません。でも、大多数の零細な起業家（本書では「一人起業」と表現します）が、銀行支援なしで起業している現実があります。

少し古いデータになりますが、起業者実数の統計（１９９７年度）は、中小企業庁では25万人弱、銀行筋の統計では7万余人でした。しかもその7万余人の起業家のうち、何人が融資を受けたかは不明ですが、「一人起業」が90パーセント以上を占めていました。

私の経験値としては、一人起業30人のうち融資希望者は1人程度です。圧倒的に多い実態数に対して1人しか融資を希望していません。だから、「0円起業は不可能」などと言っている起業支援関係者は、その起業の規模や業態が銀行融資レベルに達していない人のことを考えていない人たちです。

ある著名な税理士であり弁護士が、経営者に向かない救い難い経営者を評して、「縁なき衆生」と言いました。その人は、上に立って下を見る目線なのです。いま、そのような目線で融資や経営支援を考えている専門家は、時代錯誤に陥っているといえます。

⑵ 政府の施策はまだ行き届いていない

毎年１００万人もの人が、やむなく生活の糧を求めて起業しようとしています。つまりこの人たちは、就職する生活環境にないか、雇用環境に満足していません。

政府はその人たちの起業支援を推進しようと決めました。それにもかかわらず、起業支援関係者がそのような時代錯誤に満ちた「上から目線」の姿勢では、政府の施策がうまくいくはずがありません。

ただ現実には、諸般の融資現場の経験に照らし突き詰めると、公的融資体制を整える政府の施策が行き届かなくなっていることは事実です。

(3)「お金を貸す人はいない」と思え！

資金なしで起業を考えている人は、銀行や立派な税理士事務所からは、「仏も救えない縁なき衆生」と見られていると意識することが必要です。あなたは、「お金を貸す人はいない」と認識してください。そうすることにより、あなたの「無借金経営」の一歩がはじまるのです。

つまり、お金のない一人起業の人は、お金の掛からない起業をすればよいわけです。それでも、お金が掛かる業種で起業したいと思っているのなら、お金の掛からない業種でスタートして、もうけてから起業してもいいわけです。

コンサルタントもしかり、おにぎりの車上販売もしかり、営業代行もしかり、経理の在宅受注もしかりです。

事例研究① ◆◆◆ 土日起業でやる気アップ！

２０１３年８月、川崎市多摩区在住で、中堅の不動産会社に勤める小川良輔さん（54歳、仮名）は、業績が上がらず会社にいづらくなりました。とはいっても、転職事情は厳しい状況でした。そこで、会社の勧めもあり、土日利用で会社の営業代行をはじめました。

会社と折り合いをつけ、「売上は会社に入れてコミッションを受け取る」という契約によって、個人事業をはじめました。「個人事業の開業届」には、事業の所在地は自宅にして、開業費は０円としました。最近、がんばって宅建主任の資格を取りましたが、まだ会社に登録はしていません。

会社の勤務としては、ウダツの上がらない年月を過ごしてきて、本人も自信をなくし、しばらく戸惑っていましたが、土日起業をはじめてからは、やりがいを感じるようになりました。

名刺の肩書も「代表者小川良輔」と記載し、会社の社長の勧めで「経験豊富不動産コンシェルジュ」と添え字し、以前の顧客名簿を頼りに、懸命に営業に走り回りました。

起業した２０１３年の１年間はまったく「お呼び」が掛かりませんでしたが、２０１４年７月ころから、数件の引き合いや問い合わせが入るようになりました。会社の社長は、「そのうち、必ず成約できるよ」と励ましてくれました。

そのうち何とかなりそうです。何より、本人が働きがいをもてたことがよかった、よかった。

2 個人事業の立上げ「創業費0円」「継続出費0円」の仕組み

起業には大きく2つの選択肢があります。個人事業でやるか、会社（株式会社か合同会社）でやるか、そのどちらかを選ぶことになります。

会社にすると、少なくとも年7万円の法人住民税が継続的に掛かります。

起業しても不安定要素があり「開店休業」の可能性がある人や、お金が掛からない範囲で起業したいと思う人は、個人事業でなければなりません。個人事業であれば、利益が出ない限り、個人の確定申告も不要ですし、納税もありません。

しかも、個人事業は安上がりですから、何となく「起業してみよう！」と思う人にとってはピッタリです。なぜなら、個人事業の立上げには、税務署に「個人事業の開業届」（書類名は「個人事業の開業・廃業等届出書」）を出せば、とりあえずは事業を開設したことになり、継続的で義務的な税金などは一切掛からないからです。

個人事業は、もうかれば個人所得税と個人住民税を払いますが、赤字ならばそれらの税金は一切掛かりません。つまりもうからない段階では創業費は0円で、以後、赤字である限り、継続的で義務的な税金は掛かりません。

もう少し詳しくいうと、「個人事業の開業届」とは、「私は個人で事業を立ち上げますので、少なくとももうかれば税金を納付します」という、国・地方自治体へのいわば「個人事業の立上宣誓書」のようなものです。この書類を提出することにより、あなたは個人事業をはじめることができるのです。

書類を提出する窓口としては、国は税務署、地方自治体は県税事務所（たとえば、東京都なら都税事務所）と市区町村の税務課です。なお、人を雇う場合には、労働基準監督署とハローワーク（公共職業安定所）にも届出が必要ですが、一人起業の場合は人を雇うまで労働関係の届出は不要です。

また、許認可の要る仕事、たとえば、古物商は警察署の許可が必要です。

風俗営業に分類される仕事、たとえば、バー・クラブなどは警察署や保健所の許可が必要です。

食堂・レストランも保健所への届出や調理師免許が必要です。ただし、簡易なおにぎり屋さんなら許認可不要でできますが、それも保健所などに問い合わせしてから、準備をはじめましょう。

3 法人事業の立上げ「設立費6万円」「税金7万円」の仕組み

法人とは、会社のことです。では、「会社とは何ですか?」と言うと、営利を目的とした人の集まりということになります。仲良しクラブのように営利を目的としない非営利の話は、ここでは対象にしません。

まず会社の種類の話をします。

会社には「合同会社」と「株式会社」があります。以前は「有限会社」という会社の形態がありましたが、いまはもうつくることができません。また、合資会社・合名会社についても、役に立たない場合が多いので、ここでは説明しません。

まず一人起業をはじめようとするあなたが、正規に会社をつくる場合の現実的な説明をします。

(1) 合同会社をつくる場合

合同会社のメリットは、設立費として会社設立登記のための印紙代6万円だけですむことです。定款を作成する必要はありますが、税務署に提出するだけでよいことになっています。登記所（法務局）に提出する必要はありません。

会社の機能としては、株式会社との違いはあまりありません。融資銀行や税務署は、合同会社のことを株式会社とまったく同じように扱ってくれます。

合同会社のデメリットは、株式会社と異なり、「一般の人は知らない人が多い」ということでしょう。また、代表者は「代表取締役」ではなく、「代表社員」という表現をします。登記簿謄本でもそのように記載されます。

もしもあなたが、一般の人に名刺を渡したときに、「合同会社？　代表社員？」といぶかしがられる可能性はなきにしもあらず。それによって大切なお客様から不審に思われたり、信用をなくして売上に響くようなことがないとはいえません。

ただ、飲食業やサービス業のように「屋号」で仕事ができるのであれば、合同会社を掲げても、会社の運営上、株式会社とまったく遜色ありません。

(2) 株式会社をつくる場合

株式会社は、もっともオーソドックスな会社形態です。

株式会社をつくるとなると、身構えてしまう人もいますが、一人起業の立上げについてはとっておきの方法があります。これは、ご自分で株式会社のつくり方を学習して登記申請まで奮闘するよりも、ずっと安上がりな方法です。

インターネットを検索してみてください。会社設立に通じた専門家が、あなたの委託を待っているサイトがたくさんあります。インターネット上のホームページ、たとえば、〔会社設立.tokyo〕などをウェブ検索したり、インターネット上のキーワード検索の画面から〔会社設立2.jp〕などを検索してみると、格安の料金が提示されています。

こうしたサイトのサービスを利用すると、簡単に安上がりで株式会社を立ち上げることができます。

もしもあなたが、すべて自分で会社設立登記の手続きをするとなると、もっとも簡単な発起人設立（発行される株式の全部を発起人が引き受ける会社設立）による設立手続きでも、以下のような作業があります。念のため記しますが、結構面倒です。

まず、定款の記載内容には、資本金の額、出資持分別（出資者の記載）、決算日、本店の所在地、役員の氏名・住所、公告の方法（決算公告の方法）など多くの項目があります。そのうち資本金の額ひとつとっても、非常識な資本金でよい場合と悪い場合、その他の項目についても、あなたの設立状況に合わせた記載事項の有利・不利があり得ます。

会社設立登記申請書の添付書類にしても、「登記用紙と同一の用紙」への所定事項の記入は、手続き規定が面倒で、間違えていれば何度も補正をしなければなりません。

税務署などへの届出書類には、必須のものと、有利選択用で必須でないものがあります。この吟味は必要です。なお、会社設立の委託先によっては、税務署届出を無料で代行してくれる事務所と、「自分でやれ」と言う事務所があります（司法書士や行政書士による税務署届出の代行は違法です。税理士だけの専管業務とされています）。

社会保険関係の書類については、入らなければならない場合と、雇用形態などによっては入れない場合があります。また、社会保険に加入した場合でも、あなたの会社が資金繰りで行き詰まる事態も考えられますので、そのときの方策についても、事前の相談が必要な場合があります。

なお、一人起業では雇用はないですが、後日、人を雇用する場合には、経営上の最低のリスク回避として、労災・雇用保険は最優先で加入することをお勧めします。

①定款の作成、および公証役場（公証人）での認証
②会社設立登記申請書の添付書類一式の作成
③税務署、県庁・市区町村などの地方自治体への税務書類の届出（期限あり）
④許認可の届出（保健所・警察署・県庁など、その仕事によって異なります）

以上になりますが、このように株式会社設立の手続きは面倒です。これを自分ひとりで行うのかどうか、じっくり考えてみてもよいでしょう。

事例研究②　◆◆◆　事前の情報収集は大切

２０１４年６月、起業を考えていた大家雄一さん（29歳、仮名）は、同じ時期に起業した友人の小村和豊さん（32歳、仮名）から次のような話を聞きました。

２０１４年４月、小村さんは、繰越しの赤字がある休眠中といわれた有限会社を安く買い取り、税務署に届けを出すと「人の赤字は繰越しを認めない」といわれがっかりしました。また、創業融資を受けようと区役所の融資課に赴きましたが、「休眠会社のような会社引継ぎは公的融資の対象外だ」と言われたということです。

一人起業を予定していた大家さんは、この小村さんの話を聞いて、「あれっ？」と思いました。自分も友人から休眠中の株式会社で、かなりの額の赤字がある会社を買わないかと言われていたからです。それで、事前に私（筆者）の事務所に問い合わせをしてきました。

私は「やめたほうがいい」とアドバイスしました。理由は、①その赤字は繰り越せないこと、②保証債務がある可能性があること、③公的創業融資が大変受けにくいことの３つでした。

結局、大家さんは、普通の株式会社を総額20万円で設立して、うまく開業を果たしました。やはり一人起業の場合、事前の情報収集は大切だということです。よかったですね。

コラム①　株式会社はいくらでできる？

株式会社の設立に掛かる費用は、公証人役場で公証人による定款認証に掛かる費用と、法務局（登記所）での印紙代です。あなたが勉強して自分で設立登記申請をすると、次の明細となり、合計で24万1900円掛かります。

・定款認証に関するもの（次の(イ)〜(ハ)の合計9万1900円）

(イ)手数料　5万円

(ロ)定款に貼る印紙代　4万円

(ハ)定款の謄本代（写し2通）　1900円

・株式会社設立登記申請書に貼る印紙代　15万円

株式会社ではなく、合同会社であれば、定款の公的認証は不要です。さらに、法務局での合同会社設立登記申請書に貼る印紙代は6万円。合同会社設立に掛かる費用は、株式会社に比べ、18万円以上も安い6万円ですみます。

屋号で商売する飲食業などの一人起業の場合、たとえ合同会社にしたとしても、知名度の低さからくる違和感を除けば、公的融資での扱いやその他の法律面で問題になることはまったくありません。

会社設立手続きとしては、設立登記のほか、税務署と地方自治体の窓口への法人設立届（付属の届出・申請書を含みます）があります。書類提出は義務的なもののほかに、「申告期限の延長申請」という、１カ月の延長が認められる制度があります。また、「法人設立時の概況書」も、後々大切です。

なお、会社設立の代行業者（行政書士が多いです）が、これらの仕事（定款の相談と認証、会社設立登記、税務署などへの届出・申請（有利選択を含みます））をほとんどが割引料金でやっています。

この割引には２つのカラクリがあります。

ある行政書士が会社設立業務を請け負ったとします。その行政書士は、その新設会社を税理士に有料紹介します。新設会社は毎年税務申告をしますので、その税理士は高い紹介料を行政書士に払って顧客紹介を受けるのです。そこには、過激な新設会社の請負競争が背景にあります。

もう１つは、行政書士にも認められている法務省オンラインによる電子定款です。法務省オンラインだと、電子定款で定款印紙代の４万円が不要です。そのため、株式会社の登記関係費24万１９００円が20万１９００円ですみます。その差額を値引きすれば、さらに会社設立代行業として競争力が増すのです。

善しあしは別として、行政書士・税理士らによる会社設立代行業者の値引き合戦は常態化しています。行政書士や司法書士は税務署への書類提出代行は法律で禁止されていますので、税理士との連携がなくなると、期限内の会社設立届や青色申告申請のような申請ができなくなりますので、注意が必要です。

④ 個人事業の会社化の時期は月収35万円ほどになってから

個人事業ではじめれば、開業費は0円なのに、なぜ多くの人が会社で事業をはじめるのでしょうか。

それは、会社のほうが信用があるからでしょうか。

でも、はじめから会社にする必要はありません。会社にする費用がもったいないです。私は、「まずは個人事業で起業してから、いずれ会社として事業をする」という方法をお勧めしています。

では、いつ会社にしたらいいのでしょうか。

その時期は、一人起業をして、もうかってからです。

では、いくらもうかったら、会社にしたらいいのでしょうか。

それは、生活費が事業で賄えるようになった時期です。つまり、個人事業で出入りするお金で生活していて、「銀行の預金残高が減らないのに毎月35万円程度の生活ができるようになった」ときです。

この考えには税金が絡んでいます。税務署では、「月額35万円」という生活費がおおむね利益から捻出されている、と考えます。すごく大ざっぱな判断なのですが、年間にして約400万円前後のお金が純利益となっている、と考えるのです。

では、400万円の純利益が出たとき、その税金はいくらになるかを一緒に計算してみましょう。

事業所得400万円として、そこから「青色申告の帳簿作成」の費用として65万円を控除する制度がありますので、事業所得は335万円に減ります。

次に、個人の確定申告には、基礎控除が65万円あります。ほかにも、医療費控除や年金控除、社会保険料控除がありますが、便宜上それらを度外視して、335万円から65万円だけを差し引くと、個人所得税の課税の対象は270万円となります。実際に計算できる人は、それら全額を控除すればいいですよね。

270万円の所得税およそ17・6万円と住民税およそ27万円の合計は44・6万円ほどです。

では、それを会社にしたらどうなるかを計算してみましょう。

税金の計算の仕組みとして、個人事業税（個人事業主が納める税金）は、売上から費用を差し引いた差額が事業所得（右の例では４００万円）となり、これがモロに課税対象となります。

個人事業でも会社でも利益は利益で、４００万円に変わりはありません。しかし、会社では、役員報酬といって、社長が給与を取ることができます。ですから４００万円を年間給与とすれば、会社の利益は０円です。会社の税金も０円です。もっとも、赤字会社でも年間７万円の法人住民税は掛かりますので留意しましょう。

さて、社長の給料４００万円の課税はどうなるでしょうか。

それは会社とは離れて、個人の所得税計算として、給与所得の金額が４００万円となります。課税対象となるのは、４００万円から給与所得控除額１３４万円を差し引いた残りの金額２６６万円です。

つまり、４００万円にかわって、この２６６万円が個人の確定申告での課税対象（課税所得金額）になるということです。

この２６６万円から基礎控除65万円を差し引くと２０１万円となります。その税額は、所得税がおよそ10・5万円、住民税がおよそ30万円の合計40・5万円ほどです。

つまり利益が４００万円の場合の税金は、個人事業の所得計算では所得税と住民税で44・6万円ほどでしたが、法人にして４００万円を社長の給与としたら、会社の利益は０円として、社長個人の所得税は40・5万円ほどになりました。その代わり、法人の均等割が7万円増えますので、会社にした場合の負担合計はおよそ47・5万円となります。利益が年400万円程度では、個人事業でも会社でも、あまり変わりません。

さらに、紙幅の関係から、社会保険はなるべく早く加入するということで許していただいて、当分の間、生活が人並みになるまでは国民健康保険（国保）と国民年金（国年）を考えることにします。そうすると国保と国年は、住民税額を基にして計算されますので、個人事業のほうが多くなります。

結論としては、個人事業で毎月35万円程度の生活ができるようになったとき、つまり年間で約400万円前後が純利益となったときを目安に、会社設立を検討されるとよいと思います。それまでは、税金の上では会社にするメリットはないのです。

事例研究③ ◆◆◆ 国民健康保険税が10万円違ったワケ

2013年1月4日、東京都江東区に住む谷絵美さん（30歳、仮名）は、2012年中の所得が400万円前後だったので、思い切って合同会社TANI（仮名）を設立して、役員給与を月額35万円に設定しました。

谷さんの友人、根本真希さん（38歳、仮名）も、近所で個人事業をやっていました。2012

年の所得も谷さんとほぼ同じ400万円前後でした。根本さんは2013年も個人事業で仕事をし、所得も400万円でした。

2013年分の納税（所得税と住民税の概算合計）は、谷さんは30・5万円、根本さんは44・6万円となりました。でも谷さんは、赤字会社でも払う年7万円を負担しました。

2014年5月を過ぎたころ、国民健康保険税と国民年金が通知されてきました。仲良しの2人は、また、見せ合いっこしました。すると、会社にした谷さんは、個人事業の根本さんより、10万円余り少なくなっていました。国民健康保険税は大部分が「所得割」だからです。谷さんは会社の役員給与で給与所得控除があるため、「所得」が計算上で201万円に減っていました。一方、個人事業の根本さんは所得が270万円。その差が国民健康保険税に反映された結果です。なお、この2人の国民年金は、一律月額1万5590円となっていて、所得割ではないので、両者とも将来もらえる年金には関係しません。

ただ将来、会社が社会保険制度に加入すると、会社では会社負担分と社員負担分を合わせて支払うことになるので、加入前のほぼ倍の金額を納付することになります。事業主と会社が負担する社会保険料は一気に増えます。しかし、将来の年金も増える仕組みになっています。数十年後の話で分かりませんが、制度としてはそうなっています。

あなたはどう考えますか。

5 起業には多くの無料支援がある

お金なしで、ひとりで起業しようと思ったら、ネットサーフィン（ネット検索）をしてみてください。「無料」や「格安」という文句が踊る起業支援サイトがいっぱい見つかります。

「タダほど高いモノはない」「世の中は悪い奴ばかりだから、素人はすぐだまされる」と、勘繰ることも大事です。しかし、試しに問い合わせてみるのも悪くはないでしょう。

「タダ」のサービスを売りにするサイトなら、「タダ」の訳を聞いてみてください。何かカラクリが理解できるかもしれません。

一例を挙げて説明してみましょう。

いま、一人起業を支援するサイトでは、「会社設立」サービスが、原価または原価以下が相場になっています。なぜでしょうか。それはこの小さなマーケットが「過当競争」になっていて、ダンピングで足の引っ張り合いをしているからです。それはよくないですね、と言ってみても、ちゃんと法律を守っている限りは、自由競争の経済社会です。泣き言は「たわ言」にすぎません。役所も業界も手が出せない経営環境にあるというわけです。

「○○行政書士事務所」「○○税理士事務所」と、ちゃんと国家資格がある専門家が、「出血サービス」で「会社設立サイト」を運営しています。赤字と思われるにもかかわらず、そのウェブサイト運営をプロに委託しているケースも珍しくありません。

でも、もちろん「赤字では持続的な経営」は不可能です。この会社設立サービスには「もうかる仕組み」があるはずです。それを探ってみましょう。

まず、株式会社設立サービスの原価は20万円です。あなたから24万円頂いて4万円のもうけです。ところが、中には「会社設立費用一式サービス16万円」というのもあります。これでは4万円の赤字です。なぜこのような「ばかげた」商売をするのでしょうか。

営業力のある行政書士が、会社設立サービスの後に、税理士に新設会社を紹介して、税理士からコミッションを取ります。会社設立を出血赤字で請け負う代わりに、税理士紹介をひも付きとして、報酬を得ています。たとえば、「ひも付き3年、税理士報酬は月額○○円」。あまりあくどくなければ、最初から角を立てる人も少ないので「めでたし、めでたし」です。

それが「会社設立の請負現場」の実態なのです。

コラム②　初期リスクがゼロの会社設立サービス

たとえば、〔会社設立.tokyo〕というサイトをウェブ検索で開いてみてください。会社設立費用が一式で22万円となっています。これは税理士事務所の営業サイトです。原価の20万円以下ではなく、原価より高い22万円となっています。なぜでしょうか。

理由は、会社設立の初期リスクを吟味して回避し、税務上の有利選択（税務署等への届出書類一式の無料作成）のすべてをすませておくサービスをつけているからです。

会社設立サービスの業務内容を復習してみましょう。

(1) 公証役場での定款認証（指導・策定）
(2) 法務局への登記申請（このうち「登記申請書」という書面だけは提携の司法書士に委託しています）
(3) 税務署などへの会社設立届

これだけ多くの業務がありますが、原価より高い22万円に設定している会社設立サービスは、これら会社設立の初期リスクの回避等をすべて無料でやってくれるのです。仮にその後の「ひも付き」税理士報酬が格安であれば、一人起業の方も安心できるのではないでしょうか。

料金も大事ですが、もっとも大事なポイントは、サービス内容に誠意があるかどうかです。会社設立のサービスが誠意あるものかを調べるには、以下のような内容をチェックしてみましょう。

第1は、定款の内容指導です。

会社設立サービスの専門家の事務所では、一人起業の人向けの定款内容としては、発起人設立のパターンを想定し、その様式をあらかじめ用意しています。

そのうちの重要項目は、
①資本金の額に対するアドバイス
今後、銀行融資を受ける可能性があれば、あまり少額の資本金では公的融資が事実として、大変に受けにくいことを注意します。
②決算月
タックスプランニング上では有利・不利があります。税法上の適法性に問題はありますが、その有利・不利については、そういう話があることを助言（アドバイス）します。
③株主
株主が身内でない場合、その信頼がなくなり決議ができなくなる事態を想定して株主を決めるべきことを助言します。たとえば、50対50の出資割合は株主総会の議決がむずかしくなることを事前説明します。

第2は、税務署への会社設立届です。

①税務署がくれるパッケージには、「申告期限の一カ月延長申請書」が入っていないことをアドバイスします。
②会社設立2カ月以内が「青色申告申請」の期限で、白色は大変不利であることを欠損金繰越しのメリットの仕組みなどの具体例を示して説明します。
③消費税の原則法と簡便法の選択届に関して、投資予定に従った有利・不利を説明します。
④為替変動が激しい時期は、「棚卸し方法選択届」において、期末商品評価が大きく不利になる場合があることを説明します。
会社設立の委託先は、これらを無料で説明し、提出・申請代行をしてくれる税理士事務所で、かつ報酬が安価のところが理想です。世の中には良心的な税理士がたくさんいます。そのようなサイトを探すよう努力してください。

⑥ 赤字繰越し3年（会社は9年）でも経営計画は成り立つ

毎年20〜30万人ほどいる起業家の大半は、小規模事業者であり、その大半が一人起業で細々と経営をはじめる人だと思います。

でもそのような細々とした起業でも、ひょっとしたら「もうかる」仕組みをつくることができるかもしれません。可能性は十分にあります。一人起業の方は、これまでは「会社のもうかる仕組み」や「個人事業の経営の勘所」など、ほとんど考えたり調べたりすることもなかったと思いますが、いい情報に出合って勉強を重ねれば、チャンスは広がるでしょう。

日本は99パーセントが中小企業で、その大半が小規模企業です。小規模企業の経済現場には、生き延びていくためのさまざまな仕組みがあります。一人起業の場合でも、こうした仕組みを利用しながら「もうかる」仕組みをつくることは可能です。

たとえば、その1つに「欠損金の繰越し」があります。これは税法の世界の話です。個人事業だと将来3年間、会社だと将来9年間、年度(決算期)を越えて「利益と過去の赤字」を相殺できるように取り計らってくれる仕組みです。

これはどういうことかというと、「あなたの一人起業の経営について、その間は赤字でもよいですよ」といっているようなものです。やがてもうかるようになって、業績が黒字転換しても安心してください。前期以前に赤字があれば、過去の赤字合計に達するまで、その黒字に掛かる税金は払う必要がありません。これが税法の規定です。

なお、消費税については起業から2年間、税金免除の制度があります。その2年を過ぎると、2年前が年商1000万円を超える場合には、消費税にそのような免税の仕組み(恩恵)はなくなります。消費税の考え方としては、あなたがお客様に物やサービスを売って頂いた代金には、国に治めるべき消費税が含まれているとします。原則として、毎期、預かった税金は決算後2カ月以内の法人税などの申告に合わせて国に返します。消費税の免税というのは、その消費税は本来、国に返すべきですが、特別に返さなくてよいというわけです。そのためそのような恩恵のない一般消費者からは、時々「益税」と言われ、このいわば「やく得」がうらやましがられるときがあります。

また、輸出貿易で起業する方には、輸出する物やサービスは消費税が非課税ですので、その輸出商品やサービスの仕入に掛かった消費税は、還付されることになります。少しでも早く還付してほしい人には、3カ月に一度とか、6カ月に一度の仮決算をして、その都度、消費税の申告書を提出する手続き（制度）も用意されています。そのような場合は、起業当初の2年間に消費税免除の提供を受けると損してしまいますね。この「消費税の免除制度」を適用するのが得か損かという判断も、会社設立から2カ月以内の届出・申請によりますので、気を付けましょう。

さて、話を「欠損金の繰越し」に戻します。当然、「赤字が続くと生活ができなくなるのでは」という不安があると思います。しかし、この問題も、経済活動の現場で収集するノウハウや情報をもとに、さまざまな工夫の仕方があり、みなさん何とかやっています。

普段の生活の場合を考えてみてください。

赤字というのは、出費に対して収入が少ないことを意味しています。そのようなとき、あなたの生活現場で資金繰りの上で何が起きているのでしょうか。へそくり・タンス預金？　質屋通い？　それともカードローンで借入？　買ったものの支払い延期？　その時々の状況に応じていろいろ対応しているはずです。家計では通常、収入は一定です。こまごまと生活に絡む支払いが日々発生して、出費だけ変動します。みなさん、出費の支払いを何とか工夫して生活しています。

では、一人起業した場合の資金繰りはどうなるのでしょうか。

まず、個人事業の場合です。個人事業は、税務署などに個人事業の開業届を出すだけでした。事業をはじめても売上収入がないので、収入はこれまでと変わらず家計の収入だけで、個人事業の帳簿上は何も関係がありません。

事業の売上収入がないので、精神状態は少し不安定になるかもしれません。しかし、経理処理については、税理士がしっかり指針を指導しますので安心してください。赤字は赤字、家計から出費して事業の用に供したのであれば、それは立派な「経費」です。起業したからには、しっかり費用を計上してください。起業したてで、売上が少なく経費倒れになりそうな時期に発生したものでも、税務会計的にはちゅうちょすることなく「経費計上」すべきものです。そして結果的に、事業の会計帳簿は赤字になり、税務上、翌期以降に繰越される処理になります。

次に会社を起業した場合の赤字の対応についても説明しましょう。

個人事業と会社の資金繰りといっても一人起業の場合、株主はあなたひとり、個人事業もあなたひとりです。会社の規模が大きくなると、資本と経営の分離といって「会計は個人と会社は別勘定」。「どんぶり勘定はダメ」というのは当たり前のことです。しかし一人起業の場合、当初からあまり厳格に考えなくてもよいと思います。経理だけ「別勘定」で仕訳すれば、どんぶり勘定は問題になりませんし、あなたが混乱することもありません。

会社のお金を使わず、個人のポケットマネーで、たとえば文房具を買った場合は、領収書に「社長借り（社長から借り）」とメモしておき、仕訳は、会社の費用として「消耗品費」を計上し、そのお金の出どころとして、「仮受金（または借入金）」と仕訳し、「摘要欄」に「社長から借受」とメモすれば、会計ソフトは、ちゃんと「どんぶり勘定」ではない経理と試算表を自動作成してくれます。

社長から借受や借入したお金は、会社帳簿では「負債の部」に記録されていますので、もうかったときにいつでも返金できます。またその消耗品はその期（年度）の費用になり、売上がなければ、「欠損金」として、翌期以降9年間も繰越しができます。つまりその後9年以内の利益と相殺できるので、そのもうかった利益が9年も前の費用と相殺されるわけです。9年というのは、個人事業では3年しか繰越しできないことを考えると、大きな違いです。

会社の事業のために使った費用なら、売上がなくても「どんどん」経費計上しておけば、その年度の費用になり、売上がなければ、欠損金として翌期以降に繰り越せます。またその出費（資金）はいつの日にか、会社からあなたへの借金返済として無税で返してもらえます。

コラム③ どこかから資金さえ出ればいい

家計から出費した資金の出どころ（どこから出ているか）については、とりあえず個人事業であれば「店主借り」、会社であれば「仮受金（摘要欄「社長から」）」として認識して経理することになります。なお「摘要欄」というのは会計ソフトで仕訳をするときの「メモ欄」のことです。

よくいう「経費の相手勘定」は、「現金」として処理されます。昔から「現金バウチャー経理」という処理が定着していて、専門家もそうする人が多いのです。

しかし、現金がないのに「現金出費」とするのは実態に合いません。経理上、現金が赤字になっていても、「現金出費」というのはヘンな話です。「いや、後で現金を借入した仕訳を起こすからいいんだよ。へへへ」などと、いいかげんなことを言うことになります。

話をもとに戻して、たとえば、次のように、売上がなかなか計上できない時期でも、経常的に発生する「事業経費」があります。これらは常識の範囲内の金額であれば、費用に計上して問題はありません。以下に例を示します。

①日刊新聞代

全額が情報収集代です。事業の用に供する情報収集のための費用ですから、サラリーマンでは経費に落とすすべもないですが、起業家であれば、しっかり経費帳に記載していただければよいと思います。

②自家用車のガソリン代

個人名義の自家用車の燃料費は、家事のための部分と営業などのための部分に分け、事業用部分は「経費」として処理してください。

③自宅の家賃・電気代

個人が支払う家賃については、通常は面積の3分の1程度に応じた金額です。それ以上の部分を事業に使っている場合は、事業で利用している部分を面積按分として、簡単な間取り図で図解して示してください（証拠書類として保存してください）。

電気代も面積按分で費用計上の合理性があります。プロパンガスや都市ガスの代金ですが、暖房の場合は、自宅の一部分を事業に使う面積と時間数を考えに入れて適当に見積もってください。水道代は経費に落としにくいと思います。

自分や家族の所有物件である場合は、受け取る側で不動産所得（雑所得）を計上して、確定申告をする必要が発生します。そのコストなどを考えると合理性がありません。ただ電気代、プロパンガス・都市ガス代は適当に合理的な金額を経費計上してください。

このように、起業当初の会計実態は、赤字が繰り越されてたまる場合が多いものです。そのお金は、いわゆる「奥」からもち出されるほかありません。お金の出どころは、しっかり記録しておいてください（いいかげんに「赤字」の出どころを現金扱いしてはいけません）。

要は、どこかから資金さえ出ればいいわけです。極端にいえば、事業主または会社代表者が、資金を調達するために、いわば「二束のわらじ」で会社にお勤めすることもあるわけです。それでも、資金が続けば事業主勘定は安泰です。会社の経理は成り立ちます。何年かすれば（3年か9年）、もうかるときがくると考えて、資金繰りを大切にして生活しましょう。

コラム④　生活費と紛らわしいコーヒー代の欠損金繰越しへの貢献

飲食費については、当然家計から出費するのですが、営業に行った際に使う営業絡みの食事代は、営業関連費に入れてもよい場合があります。

たとえば、近くにトイレがない場所で、トイレを借りるのにレストランに入り、タダで借りるのも常識的に具合が悪いから、ついでに食事をしたというような場合、営業活動の生理に掛かる出費なので、食事代でなければ「トイレ借り費用（雑費）」とすればよいのではないでしょうか。

公衆トイレがない場所で、最寄りのコーヒー屋さんでトイレを借りてコーヒーを飲むのは、個人が生活でお茶を飲むのと区別されるべきで、明らかにトイレ代だと思います。さすがに毎日だと不自然かもしれませんが、トイレを借りるコーヒー代は明らかに日々起こり得る営業活動に伴う生理処理であり、繰り返し計上しても事実であれば問題はないと思います。

第2章

一人起業のメリット

①「資金なし・借金なし」の起業が成り立つ経営環境がある

親や親戚が小規模でもお店を経営していたりすると、「自分で事業を起こす」ということに違和感を覚えないのですが、親がサラリーマンであったりすると、自営業をやるというのは、未知の世界に入る気がして、一歩踏み出しにくいものではないでしょうか。

でも安心してください。この本では、30余年のキャリアをもち、ちまたで泥まみれでやってきた税理士の私が、ちまたで生活費を稼ぐのに苦労している人のために、「ここさえ押さえておけば、雇われるより起業したほうが上手に生活費を稼げますよ！」と提案しています。

準備作業のうち、お金が掛かるのは、会社を起業する場合の会社設立登記費用だけです。個人事業ではお金は掛かりません。後は無料支援が受けられます。

また、各自治体で「ワンストップ起業支援センター」(仮称)が整備されていますので、心強いです。これは、政府が推し進める「起業支援」「女性活躍」などの支援策ですので、期待がもてます。

決算・申告も、お金を掛けずにできます。個人の確定申告期に税務署へ行けば、無料相談所が設けられており、無料で指導を受けることができます。

なお、立場を変えて支援する側の話をしますと、初心者を指導するときは、どの分野でも上位の技能者が担当します。経営コンサルタントも同じです。もしあなたが経営の指導を受けるときには、高い技術があり、全領域への豊富な知識と気配りがあり、確かな指導理念をもった方を探してみてください。

起業現場では、誰もが無料支援をしてくれるわけではありません。インターネット検索をすれば、各分野共に業者間の競争上の都合から、無料サービスがたくさん掲載されていますが、そのような無料サービスは、何かもうかる売りモノをもっているはずです。したがって、その売りモノが何なのかを理解した上で、無料の範囲内で、サービスを受けるようにしてください。

ただし、「将来にわたって無料で支援する」と言っているのではありません。「決算申告サービス」という「有料サービス」の営業提案が出てきます。ただ、有料といっても品質がよく、かつ安いです。相場は、ウェブ検索（「決算.net」など）で確認してください。

このように誠実な情報を探し出すのも、起業準備の段階での1つの大切な仕事と考えましょう。

コラム⑤　起業準備の手はずフローチャート

起業の手続きや手はずの順序を図示すると、次のような流れになります。

(1) 何となく起業してみようかと考えはじめる

(2) 少し勉強して、必ず公的窓口に相談に行く

・市区町村の融資課（融資を受けなくてもいろいろ教えてくれます）

・商工会議所など

・中小企業・小規模事業者ワンストップ総合支援事業

※中小企業庁（平成27年度は43億円の予算を計上しています）

(3) 起業を決心する

(4) 支援してくれる専門家を選ぶ

(5) 設備が要る場合は、複数の下見をする

①中古物件の売り手が、後継者難のため「M&A」で売る物件を探す

注記：売り手が「M&A」で会社ごと売ると税額が半分になります。M&Aの場合は会社ごと譲り受けることになりますが、買い手としては売り手が税金が安くなることから価格を交渉で相談できます。

②融資が要る場合に備え、資金計画が成り立つ限界を調べる

(6) 税務署に開業届を出せるようにする

①個人事業なら税務署に「個人事業の開業届出書」を出すだけ

②会社なら次の手続きを踏む

(A) 定款をつくる

(B) 公証役場で定款認証をする（合同会社は認証不要）

(C) 会社設立登記申請書を法務局に出す

(D) 会社謄本を取り寄せる

(7) 決算申告をする

①個人事業は、1月から12月までの決算を3月15日（消費税は3月31日）の確定申告期限内に申告する

②会社（法人）の場合は、定款で決めた決算月から原則2カ月以内に申告する

備考1：第(5)項は設備投資が必要な起業についての話です。資金なし起業の場合は融資を受けるのがむずかしいため、スポンサーがいる場合を除き、起業準備としては除外してください。

備考2：飲食業の「居抜き」中古物件を探す場合には注意が必要です。多くの小規模事業者（個人および会社）が後継者難などから、事業はもうかっているのに、経営者がM&A手法を知らなかったり、M&Aで会社を売る相手が見つからない場合がたくさんあります。開業には性急な決断は避け、周りの経営環境をじっくり見定めてからはじめることをお勧めします。

②「土日社長」になると、事業用と見なされた出費が「経費」で落とせる

個人事業として一人起業をした場合は、その起業に関わる仕事は「事業所得」として給与とは別の所得計算をします。そのときの「事業所得の金額」は次のように計算します。

事業所得＝事業の収入金額－必要経費

この必要経費には、あなたの事業をやっていくために直接に必要な費用であれば認められます。一般的に言って、給与所得者の「特定支出の控除の特例」よりははるかに広い範囲で費用性が認められます。ただ「人の資格（たとえば、調理師）を取得するための支出」の経費性については、仕事により微妙な判断が必要な場合がありますので、必ず事前相談してください。

土日社長の一人起業なら、所得間の「損益通算」も魅力です。損益通算とは、簡単にいうと、2種類以上の所得があるとき、赤字と黒字の所得をそれぞれ差引計算して行い、利益と損失を合算して計算することです。

ピンポイントでいうなら、「事業所得と給与所得」は、損益通算が可能です。それでも事業所得に赤字が残った場合は、繰越損失として翌期以降3年間の損益通算も可能です（法人の場合は「3年」を「9年」と読み替えて同様の「欠損金の繰越控除」の制度があります）。ばっちり、この

特典を生かしたいものです。土日社長は賢い！

特に、事業所得の赤字と給与所得の黒字の損益通算は、おいしい！　なぜなら、事業の赤字は繰越欠損金として将来の事業の黒字と相殺すべきです。それなのにその土日社長に「給与所得」があると、翌期以降に繰り越されるべき事業の赤字が、今年分の給与所得と相殺され、今年の給与所得に掛かる税金が安くなります。

「土日社長」になって、サラリーマンで「二足のワラジ」を履いた起業家は実際にいます。これに対し、「起業家としては腰が据わっていないから問題外だな」などと言う経営コンサルタントがいます。特に融資支援を得意とする人に多いです。銀行がそのような軽い気持ちの起業家を支援するわけにいかないという論理です。

しかし、ちょっと待ってください。土日社長だって立派な起業家です。事業を見極めた上で、進むべき道を探っているのかもしれません。そのような批判をする経営コンサルタントは、「融資コンサルタント」と改名願いたいものです。起業に融資が付きもののように公言し、融資のないような起業は起業じゃないかのような言い回しをする起業支援者は少なくありません。

まず経営コンサルタントは、まずお客様の現況を伺って、現況に合ったアドバイスをするのが普通です。お金がないと起業できないとするのも起業支援の1つですが、お金がなければ「こうすればよい」「こういう起業なら可能です」という提案することも可能です。

経営コンサルタントでも、認定支援機関税理士（起業支援）らは、いろいろなタイプの起業者を支援するために認定された公的機関として位置付けられていますから、まずそのような安心できる公的機関に相談することをお勧めします（「認定支援機関.com」でネット検索）。

蛇足ながら、土日社長の起業家の銀行選びも大切です。じつに多くの人が、メガバンクを取引先として融資相談に行き「メイン銀行」として口座を開くのです。しかし、メガバンクがあなたを融資対象として見るわけがありません。オカド違いです。ですから、お得意先様からの入金についてはメガバンク、仕入先への支払いは面倒見のよい信用金庫や信用組合がよいです。

そのように賢い工夫を重ねることによって、土日社長も立派にやっていけます。

事例研究④ ◆◆◆ 損益通算を使ったピアノ教室の起業

宮坂雄一さん（50歳、仮名）の家族は、夫婦とひとり息子・翔（15歳、仮名）の3人家族です。東京下町の自宅近くで、すでに零細な洋服屋（屋号「下町友禅」）を個人事業として営んでいます。妻・和子さん（42歳、仮名）は、以前からパートに出て年240万円ほどの収入を得ています。最近、子どもの教育費もかさむことから、和子さんは、2013年3月、思い切って、自宅の一部を使って近所の子どもを相手にピアノ教室をはじめました。

和子さんは、音楽大学出身でピアノをもっています。2013年4月には部屋の防音工事25万円を自前の預金で賄いました。そして「個人事業の開業届出書」を税務署と都税事務所（東京都は区への届出は不要）に提出しました。

初年度は、新聞のチラシを4月から毎月3万円で6カ月間続けましたが、生徒は4月に1人、7月に1人、10月に1人の合計3人しか来ず、1人5000円の授業料で、2013年度の売上は合計9万円でした。和子さんの事業から生じた所得（赤字）は税務上、所得税法という法律によって、個人事業での「事業所得」として分類されます。

あらためてお金の流れを見てみましょう。

和子さんの給料の所得税という税金は、勤め先の会社で毎月、給料から天引きで源泉徴収され、年末には「年末調整」をしてもらっています。和子さんの会社では、給与に対する個人住民税など（東京都では「特別区民税」）は、和子さんが自分で納付する仕組みになっています。

和子さんは、友人から「税務署」に「個人事業の開業届出書」を2カ月以内に出さなければならないと言われ、2013年4月早々に、税務署に行きました。税務署の相談係では、そのとき「届出書類一式」をくれましたので、とにかく「青色申告申請書」などを出しておきました。また、初年度に防音設備費25万円を出費したので、消費税は初年度から「原則法」で計算するのがよいとアドバイスを受け、「2年間免税になる」方法を取らず、申告する手続きを選択しておきました。

初年度2013年はピアノ教室の仕事が赤字だったので、「事業所得」を赤字で申告しました。売上9万円に対して、費用は、防音設備費25万円、新聞チラシ広告代18万円、電気代が自宅の3分の1の面積を使ったので、月2万円の3分の1（6666円）で3月から12月までの10カ月間で6万6666円。市場調査の交通費が月8000円で年間8万円。生徒用のスリッパ・傘立て・カーペット・コーヒーカップのセット・湯沸かしポットなどの消耗品費30万円、トイレ修繕費8万円、友人との打ち合わせで会議費として年間1万5000円使いました。音楽関係の書籍や教育参考書で3万1000円、電話連絡などの費用も実費として月5000円、10カ月間で5万円を計上しました。都合費用合計は105万2666円。収支は96万2666円の赤字です。

開業から2カ月以内に青色申告申請書を出していれば、その赤字が給与所得と損益通算されることが分かりました。それに無料のクラウド会計ソフトで帳簿をつけていれば65万円が控除されることも分かりました。

事業の赤字は96万2666円。それに青色申告特別控除（正規の帳簿作成料など）で65万円。この合計161万2666円。これが給与所得の金額150万円（給与収入240万円から給与所得控除額90万円を差し引いた残り）を上回りました。その結果、所得税（7万6600円）も還付され、翌年の住民税（15万円）もなくなりました。さらに事業の赤字96万2666円に掛かる消費税分が、初年度からの消費税申告によって7万円余りが還付されました。

コラム⑥ 給与所得の税金の計算

サラリーマンの「給与所得」は、勤め先で毎月、給与から天引きで所得税などの源泉徴収をされます。そして、年末調整でその過払いや不足額が調整されますので、原則としては確定申告をしなくてもよい仕組みになっています。

給与計算は次のような段階を踏んで計算しましょう。

(1) 給与所得の金額

給与等（給料・賃金・賞与など）は、直ちに課税対象とはなりません。その年中の給与などの収入金額から、原則として給与所得控除額表の「給与所得控除額」を差し引いた残額をまず計算します。その金額は「給与所得の金額」という名前がついています。

(2) 特定支出の控除

サラリーマンの次のような本人負担の出費は、上記の給与所得の金額から控除します。最大で給与所得の金額まで（給与所得の金額がゼロになるまで）。

①研修費

仕事に直接必要な技術・知識を学ぶための研修（人の資格（行政書士など）を除きます）であると雇い主が認め証明したもの

②資格取得費
人の資格（行政書士など）を取得するための支出で、その支出が仕事をする上で直接に必要であることを雇い主が認め証明したもの
③通勤必要経費
通勤（仕事をするために職場に通うこと）のために支出する次のような経費
④その他
次のようなもの
(A)職務に関連する書籍、新聞、雑誌、その他の図書
(B)制服、事務服、作業服その他の職場での着用が必要とされる衣服代
(C)交際費、接待費など
ただし、雇い主のお得意先・仕入先その他の職務上関係のある者に対するもの。最大で年65万円まで。

③ 個人事業の赤字は、給与所得の所得税・住民税を減らす効果がある

所得税では、2つの制度で租税負担の調整を図っています。

1つは、損益通算、もう1つは、損失の繰越控除といわれる制度です。

①損益通算

一人起業でも、いろいろな生業が考えられます。アルバイトを含め、雇い主がいて時間で管理されてもらう給与と違い、個人事業の所得は、農業や果樹園、漁業や昆布漁などの生業を含めて、一般的には「事業所得」、不動産の賃貸業は「不動産所得」、山林の商いであれば「山林所得」、インターネット利用のFXの商いでは「譲渡所得」となります。

一番の注目点は、不動産所得、事業所得、給与所得の損益通算です。

たとえば、土日社長として一人起業したとしましょう。生活の安定のため、以前から勤めている会社は退職しないで、引き続き給与をもらうとします。そして一人起業で、インターネット上で通信販売をして、1年目に赤字が出たとします。それは「事業所得の赤字」です。

この場合は、その年の事業所得の赤字と、給与所得の黒字に関して損益通算できます。そうしますと、市役所などが税務署から回送される確定申告の写しから事業所得と所得税を計算し、

その年の5月から7月にかけて送付されてくる住民税なども安くなります。また、個人加入の健康保険料も安くなります。

ですから、仮に事業所得が赤字でもメリットはあるのです。

②損失の繰越控除

一暦年計算の例外として、一定の所得の計算上生じた損失の金額は、これをほかの年分に繰り越して控除する制度があります。これも起業家にとっては、その効果は青色申告申請を前提とした所得税の税負担の調整の賜物です。

コラム⑦　所得の損益通算とは?

所得税の損益通算は、「申告書（損失申告用）第四表㈠」をゆっくりたどっていけば、合点がいく答えが得られます。

ではなぜ合点がいくか、規則をかいつまんで説明しましょう。

損益通算とは、所得税の計算上のルールの1つです。その所得税が掛かる所得というのは、おおまかな理解としては、経理でいうと売上から費用を差し引いた利益（「差額」のもうけ）を指します。

税法上の話として、各暦年に生じるその所得は10種類に区分して、その所得の大小に応じて租税負担をすることになっています。所得の種類によっては、損益を通算できるものとできないものに分かれます。通算ができないものはその段階で赤字は切り捨てられます。そして残った所得の合計金額に対して税金が掛かるというわけです。一人起業から生じる事業所得の赤字は、必ず黒字になる給与所得と、合算が可能なのです。

ついでに税金は所得の合計額が大きくなるにつれてだんだん増え、小さくなると減る仕組みです。これはいわゆる「累進税率」による課税です。各所得の区分間の損失通算は、認められるものと認められないものがありますが、その認められたものを合算して、課税所得額を減らす効果があるのが損益通算です。

損益通算できなかった「事業所得の損失額」は翌期以降に繰り越されて、次の年（会社だと事業年度といいます）の事業所得と合算されます。そしてその合算された事業所得は、その年のほかの所得（給与所得等）と損益通算されて、税金が計算されるというわけです。

④ 生活環境に応じた自由度の高い経済活動と生活ができる

遠い昔、高度成長の時代は、夢もあり、一億総中流などと思えるほど、まあまあ豊かな生活がありました。企業人として自己を押し殺して豊かな生活を守ってきた団塊の世代８００万人の青春の歌声が、いつも黄昏の夕日の向こうにこだましています。

本来、人はみな他人の言うことを聞きたくない、自由に生きたいという願望をもっています。思えば、日本も明治維新以降、大多数の国民が、生産ラインあるいは組織の指揮系統に埋没して、家族に腹いっぱい飯を食わせるために、賃金を稼ぐ労働者として働き、産業革命を支えてきました。そしていつしか、それ（賃金）でしか安定した生活の糧を稼げないという思考回路にはまってしまいました。

確かに「カネなし」の不安な一人起業は、そのような生活に慣れてきた私たちには、大変に危険な冒険のように思えます。しかし、自分で商売をしても、いまの経済環境のもとでも何とかなるものです。失敗したら一時、生活保護を受ければいいと腹をくくりませんか。

でもそういわれても、「なぜそんなリスクのある道を選ばなければならないのですか？」とお思いでしょうか。それは、安定した就職先がなくなっているからです。

まずは起業する。ひとたび起業して食べられるような素地ができたら、その起業でもうかる工夫（いわゆる「経営革新」）をして、その事業がよりもうかる仕組みに変える努力すればいいのです。この努力はハードルの高い話ではなくて、その立場に立てばたいていそうしますよ。

じつは政府はこの「努力」を国民のみなさんに求めていて、個々の企業は「新陳代謝」しないと経済が発展しないと考えています。考えてみれば当たり前のことですが、企業の財政状態が債務超過に陥ったり、収益が上がらない商売は、もうかる商売に切り替えてほしいと思っています。全国でおよそ25万社前後が、銀行融資を受けながら返済予定どおりに返済できなくて、苦しんでいます。さらにそのうち、5万社から10万社が破綻状態にあると推定されるという統計が出ています。

そのような状況下で零細中小会社が毎年30万社ほど倒産や廃業をしていますが、同時に同じ数ほどの企業が生まれています。さらに毎年100万人が、「起業したい」という願望をもっていて、そのうち半数の50万人が毎年、創業の準備をしているのが現状です。ですから政府のいう新陳代謝は確かに進んでいるといえます。

いまや、起業（たいていは一人起業なのですが）は、みんなの願望なのです。ですから「何となく起業したいなあ」という気持ちは、異常ではありません。ごく普通の生活感情といえます。どうです。ひとつがんばってみませんか。

ただ、起業した事業の成功度合いに関してはあまり高い目標を置かず、「無理をせずつぶれなければよい」という程度に考えることがポイントです。そうすれば、何とかなるでしょう。

往々にして、世間やマスコミは「大きな話」に興味がありますが、善しあしは別にして、あなたの「零細な話」には興味がありません。つまり、「世間の大局」とあなたの「零細な話」の違いをよくわきまえることは、経営センスとして大変に重要です。

そしてもっと大切なことは、あなたが、あなたの「零細な話」を「世界で一番に大切な事柄」としてしっかり捉える意志の力です。

言い換えれば、世間やマスコミの大局的な話と、ミクロのあなたのケースを、現実的にすり合わせて、身の丈の現実問題として理解し、それなりの対応をすることです。世間の片隅ではじまるあなたのプロジェクトには世間は注目しませんが、あなたがそれに注目しないで誰が注目しますか、ということです。

こうした意識で臨むことにより、たとえば、「土日社長」の一人起業は、倒産せずにずっと続けられ、少なくとも税法の法令に基づいて、誰もあなたを害することができない「節税戦略」というおいしい経済的な利益にありつけるのです。そして、あわよくば、大きなビジネスチャンスやもうけにつながるかもしれません。それで十分ではないですか。

コラム⑧ 新聞記事の裏読み

2014年6月3日、大手経済新聞の第一面にトップ記事が踊りました。

「起業・廃業に低利融資～経済の新陳代謝促す～（成長戦略）」

記事はさらに続きます。

「政府は月内にまとめる成長戦略で、起業を目指す人への低利融資の拡大を打ち出す。日本金融公庫が手がける起業向け融資の金利を下げるほか……」

「開業支援では、来年度から日本政策金融公庫が中小・ベンチャー企業を対象とした『新事業活動促進資金』の貸出金利を下げる……」

どうです。あなたにピッタリの起業支援のイメージでしょう?

しかし、ちょっと待ってください。政府が政策として掲げる「起業を目指す人」「中小企業・ベンチャー企業」というのは、零細極まりない「カネなし」起業を目指す人のことは考えていません。政府は日本全体のことを考えなければならない立場です。零細の起業家を助けることも大切ですが、政府として背水の陣で掲げている経済の「成長戦略」は、国の盛衰を掛けた巨大な政策プロジェクトなのです。零細の起業家が中心のはずはありません。モノの道理ですから我慢するしかありませんが、本当はもっとあなたに光が当たる「仕組み」があればいいですね。

たとえば、あなたに対して政府がしっかりした「一人起業塾」を開いてくれるとか。起業希望の大多数を占めるのがあなたのような方なのですから、ひょっとしたらその教育に大々的な予算をつぎ込んだほうが、本当は経済の成長戦略を支えるかもしれませんね。でもそのような要求キャンペーンをやっている暇はありませんから、とりあえずあなたも自分だけが「食べていける道」を探りませんか。

このモノの道理を理解して我慢することができれば、「カネなし」の一人起業でも、サラリーマンのクビキからくる人間関係のストレスや、リストラクション（行動の制限）から解放され、ひょっとしたら収入が入ってくるころには、経済的な自由も得られる可能性があります。起業の醍醐味《だいごみ》です。それはちまたにあっても、生活者として、十分に魅力的ではないでしょうか。

5 一人起業にも公的創業融資制度がある

「カネなし」の一人起業にも適用できる政府の支援策はあります。ここでは、公的融資に係る融資申請をする際に必ず必要な「公式」を示しましょう。

考え方として、起業する際には、起業に関わる事業資金の総額を出し、いくら足りないかを計算しますが、公的融資の申請では、申請日前に使った起業用の資金は除外されます。つまり、申請日前に使った費用は事業資金の総額から差し引いて、申請日以後に必要とされる事業資金の申請額を計算して、所定の用紙に記載して提出することになります。

ですから、計算の訓練としては、融資申請日を仮にでも固定する必要があります。そのような前提の知識をもって、具体的に計算を進めましょう。

たとえば、開業費が比較的に少ないマッサージ屋さんの例で考えてみましょう。賃貸で借りている自宅の一室に、設備を整えて、開業したとします。

ちなみに、公的融資には必ず「事業の賃貸契約書」が必要です。しかし、公団や都営アパートで事業を営んで公的融資を受けることはできません。

なぜなら、住居目的で契約した公団などは、決して「事業のための転用」を認めないからです。このように、政府がまったく分かっていない大きな「岩盤規制」がありますので、注意が必要です。

さて、話を戻し、マッサージ屋さんの開業資金の計算をしてみます。

必要な資金の計算をしてみましょう。今日が2014年9月13日として、この融資申請日を、2014年10月13日、起業の準備をはじめたのを、8月1日と仮定しましょう。

融資額には、すでに使った準備資金は除外されます。融資申請日以前に使った起業のための準備資金がいくらになるかわからないので、起業の準備をはじめた日は仮に設定します。

図解のほうが分かりやすいと思いますので、まず融資係が想定する「あなたの融資申請額」の確定をどのように考えているかを図（借入金申込書）で説明します。

この融資申請フォーマットの考え方を解説しましょう（金額は記載例です）。

起業してすぐに必要な事業資金として、公的融資を申請できるのは、次の2つの制度です。1つは、市区町村の小規模融資担当の窓口で、保証協会（政府機関）を紹介してもらって保証協会の保証付きで、あなたの希望する銀行（信用金庫か信用組合をお勧めします）を通じて融資してもらえます。

もう1つは、日本政策融資公庫（日本公庫）の創業資金の制度を利用することです。創業2年未満の起業家が申請できる公的融資制度です。

(A) 自己資金

(イ) すでに（起業準備のために）使ったお金

診療用の中古のベッド、椅子、机、洗濯機合計　50万円

(ロ) 必要な経費のお金

借入金申込書
（普通貸付・特別貸付・生活衛生貸付）

すでに買ったモノ・サービス 50 万円 (イ) 8 月 3 日出費　たとえば備品購入 ※店舗・工場、機械、備品、車両等	自己資金　5 万円 (ニ) 親兄弟・友人等から借入　40 万円 (ホ) 【内訳】 兄から 30 万円（返済 5 年後一括） 友人から 10 万円（返済 5 年後一括）
商品仕入・経費支払等小計 230 万円 (ロ) 【内訳】 仕入　30 万円 内装　25 万円 人件費（3 人@ 8 万円 3 か月分） 72 万円 諸経費 (次頁 4 ～ 10 合計）103 万円	日本政策融資公庫（希望融資額） 155 万円 (ヘ) ○△× 銀行　80 万円 (ト)
必要な金額総計　280 万円 (ハ)	調達すべき金額合計　280 万円 (チ)

備考（記入の順序と表の埋め方）

① 考え方として、上の右枠欄には資金の出どころを記入します。
左枠欄には、資金の使途（すでに支出した (イ) と、これから支出する予定の (ロ)) を記入します

② (イ) と (ロ) の合計は (ハ) に記載します。

③ (ハ) の金額は、(チ) に転記します（(ハ) と (チ) は同額です)。

④ (ニ) の金額は、すでに使った (イ) を除く、いま手持ちの自己資金額を記入します。

⑤ (ホ) の金額は、すでに使った (イ) の金額と、今後使う (ロ) の金額について、すでに借入した金額を記載します。

⑥ (ヘ) は最後に記入します。　※ (ヘ) ＝ (チ) － {(ニ) ＋ (ホ) ＋ (ト)}

⑦ (ト) は申請する金融機関（日本政策金融公庫）以外から借りる金額（すでに借入した分を含む）を記載します。

⑧ これで右枠欄は (ヘ) を除き埋まりました。そこで⑥の算式から (ヘ) を求めます。
結論として、(ヘ) の金額が日本政策金融公庫への借入申請額となります。
※ (イ) の金額は、考え方として日本政策金融公庫への借入の融資申請の対象にはなりません

※日本政策金融公庫の「国民生活事業」に
関わるフォーマットを参考にしています。

仕入、日常の経費（仕入・製作費用、経費などの運転資金）

次の1～10合計　230万円

1　仕入　30万円

2　内装　25万円

3　人件費　3人×月8万円×3カ月＝72万円

4　交通費　月3万円×3カ月＝9万円

5　通信費（インターネット代、固定電話代、DM代など）

月3万円×3カ月＝9万円

6　宣伝広告費　60万円

内訳

i　新聞折り込み広告代

1回5万円×月2回×3カ月＝30万円

ii　折り込み広告印刷代

10万枚×@3円＝30万円

7　水道光熱費　月1万円×3カ月＝3万円

8　消耗品代（パソコン、タオル、コップ、毛布ほか）　7万円

9　福利費（夜食代、お茶葉、コーヒー粉、砂糖、果物）

月2万円×3カ月＝　6万円

10　家賃（自宅用の3分の1部分）

月3万円×3カ月＝　9万円

(ハ)起業に必要な資金総額（仕入・経費・設備などのお金）＝(チ)　280万円

【備考】右の(イ)＋(ロ)の合計額が、起業に必要な事業資金の総額です。

※融資申請日前に掛かった費用(イ)は、融資申請できません。

(B)調達資金（今後調達を予定、または融資申請の金額）

(ニ)自己資金　5万円

※融資申請後に使える資金を記載します。

(ホ)親兄弟・友人知人等からの借入　40万円

※申請日の残高（内訳・返済方法もメモします）

兄から30万円（返済は5年後一括返済。利息なし）

友人から10万円（同上）

(ヘ)公的融資の申請額（一番後で記入します）　155万円

日本政策金融公庫の融資や、日本保証協会保証による銀行融資

※公的融資申請額　＝(チ)－（(ニ)＋(ホ)＋(ト)）

(ト)ほかの金融機関からの借入　80万円

申請日の残高を記入（内訳・返済方法のメモ）

実際には一般銀行融資は、担保付融資を除き、ゼロのはずです。

公的資金の融資を受ける際に、しっかり意識しておきたい点は、固定的なルールを守らなければ、冷たく融資申請が却下、または融資申請自体ができないという点です。それは、善しあしは別にして、融資現場で公務員を相手にした融資申請の1つのハードルです。

ほかにどういうハードルがあるかといえば、次のような心の準備（記述できること）が必要です。

①融資の動機をきちんと説明すること

②経営者の職歴が途切れなく記載できること（調査も入ります）

③起業する仕事の商品・サービスをきちんと説明できること

④起業で事業を立ち上げる初期、および起業した事業が軌道にのった時期、すなわち半年から10か月後のそれぞれの損益概要

※損益概要とは、個別商品・サービスごとの、売上（月次売上）・原価・費用および利益の見込みと考えてよいでしょう。

⑤販売に関わる回収日数等
公的融資に関して、あなたが役人と交渉する場合には、心や頭で考えていることを、金融機関たる役所のルールに従って、文書や絵で表現できることが、あなたを救うことになると思います。

事例研究⑤　◆◆◆　賃貸物件の悲しい事例

某公団では「SOHO住宅」といって、事業に使ってもよい、その住所で会社登記をしてもよいとする規定を盛り込んだ賃貸住宅があります。インターネットで古物商をやろうと思った田口与那さん（35歳、仮名）は、その公団で古物商を行うが、一般の顧客の出入りはない旨の念書を入れることで、SOHO住宅を借りる契約ができました。月々の家賃は13万円で、初期の出費は80万円でした。契約にはその住宅で、本人名義の会社登記をしてよい旨も記載されていました。

そのため田口さんは、古物商の目的（用務内容）を盛り込んだ会社をつくり、そこに本店登記をして、所轄の警察署に出したところ、賃貸契約が個人名義なので会社名義のもの、または貸し主からの転貸承諾書を提出せよとの補正を受け、その公営住宅に相談しました。すると登記を承認したが、会社がそこで営業することは許されないとの見解が出ました。

インターネット会社では、「会社」でないとネット販売の出品契約はできません。個人事業ではダメです。ネット販売なしの個人営業では、一般顧客が出入りすることになり、公営住宅との契約違反になります。

警察署などとのやりとりの期間は家賃を払いましたが、田口さんはやむなく契約を諦め、その公営住宅を退去することになりました。悲しい話ですね。

⑥ オンリーワンの新事業には国や都道府県の特別支援がある

ここで述べる政府の特別支援は、中小企業の産業構造の変化を促進する上で大変重要なのですが、その基本法の名称は、「中小企業新事業活動促進法」（支援の現場では略して「(新事業) 活促法」と呼ばれています）といいます。

この法律は、会社の業績を改善するような「経営革新事業」を政府の政策として促進しよう、というものです。「新事業」の実施により、経営の向上に努力する中小企業を応援する施策です。

たとえば、経営不振の文房具店が、業界でまだ普及していない新製品（たとえば、ペン軸に自動的に巻きつくカレンダーを仕組んだ販促用のボールペン）を開発して、丸投げ外注製作をする際、自社の経営革新計画を策定し、業績を改善するような「経営革新事業」を立てれば、支援を得られる可能性があります。

新事業の判定では、自社にとって新たな事業活動であれば、すでに他社で採用されている技術・方式であっても原則として承認対象になります。

趣旨としては、企業が存続するためには、市場環境に合わせた「新事業」を常に創造していくことが必要不可欠ということです。「新事業」では、自らの経営資源を最大限に活用し、機動性を発揮し、他の追随を許さない独創的な製品やサービスの開発などを通じて、ビジネスチャンスを的確につかんでいくことが重要です。

策定する経営革新計画は、新たな事業活動に取り組む内容の計画であること、ならびに実現性のある数値目標（販売目標など）を設定できることが要件になっています。

「新事業活動」とは、以下の4つの分類のいずれかに該当するようなものをいいます。
1 新商品（新サービス）の開発または生産（提供）
2 商品の新しい生産方式、または新しい販売方法の導入
3 新しいサービスの提供方式の導入
4 新たな事業活動
判断基準としては、各項目について、次のように規定されています。

⑴新規性

既存事業と比較して、何が新しい事業であるのかが記載されているか。

他社と比較した場合の違い（ターゲットやメリットなど）は何か。

⑵実現性

いつ・どこで・何を・どのように取り組むということが記載されているか。

人・モノ・金などの経営資源は手当てされているか。

仕入先、販売先や顧客ニーズの把握など売上計画は適当であるか。

特典として、融資に関する恩恵がメインですが、次のようなメリットがあります。

1 融資

⑴中小企業信用保険法の特例

信用保証協会の保証枠に別枠が設けられます（保証枠倍増）。

⑵中小企業経営革新貸付

政府系金融機関による低利融資制度。民間金融機関は各都道府県制度融資。

例：利率△0・9パーセント～、2年据置、20年返済（運転7年返済）など

⑶10年一括返済

2 補助金

たとえば、中小企業経営革新事業費補助金等　3000万~1億円など新規事業動向調査、新商品・新技術の開発、販路開拓、人材養成を対象に事業費が助成されます。

3 特許料

特許料減免。

審査請求および更新料に関して、3年分の半額を免除されます。

4 その他

信用力の向上、金融機関の格付け、その他取引上の信用力がアップします。

広告宣伝効果もあります。

コラム⑨

古い「経理事務」の新しい「事業形態」

平成25年、私の経営する会計事務所であるアアクス社は、国・東京都から平成29年末までの経営革新計画として、自社内の経営革新を推進する計画に関しての支援承認を受けました。

内容は、経理事務を在宅勤務化する経営改革です。基本的な構造は、クラウド会計ソフトで企業の会計情報ファイルを「仮想空間」で共有して、素人の経理要員でも、入力さえできれば、会計事務所と経理事務員が同時同画面（オンライン・リアルタイムで同じ画面を見て）で電話（実際には無料電話機能LINE）を使用して「どの画面のどこに、何を入力するか」を指導するシステムを開発しました。

これによりアアクス社は、経理は素人だが信頼できる人材に経理の仕事を任せることが可能になりました。同時に、経理職のプロは不要になり、経理情報も社外流出の危険がなくなりました。

詳細情報のネット検索としては、〔在宅経理.jp〕〔クラウド会計.com〕などがあります。

第3章

一人起業の守り神

（セーフティー・ロープ）

1 税理士の「忠実義務・善管注意義務・助言及び注告義務」で、安心が保証される

起業したてのあなたが、税理士に事業の開始手続きや会社の設立をお願いしようかなと思ったときの話をします。

はじめて税理士にお願いする人は、少なからず不安があるかもしれません。しかし、安心してください。このとき、税理士は法律により勝手なことはできないことになっています。

最初に、以下のような仕組みがあることを知っておくとよいでしょう。これであなたは、安心して税理士に仕事を依頼できると思います。

(1) 税理士の3つの義務

税理士は専門家として、あなたの起業がうまくいくよう、あなたを守る次の3つの義務があります。これは、裁判であなたが守られる仕組みといえます。あなたにとって、安心なことですね。

この3つの義務が履行されておらず、経営の結果がうまくいかなかった場合、あなたは依頼した税理士に、「専門家としての見識を欠いたために、うまくいかなかった」と主張できるの

です。裁判では、あなたの立場が有利になります。

①忠実義務

あなたが税理士に依頼したのだから、その税理士はその依頼を受けて仕事をします。その仕事は、「あなたの求めに応じた仕事をします」ということです。このように税理士と依頼者との合意内容を忠実に履行すべき義務が「忠実義務」です。

②善管注意義務

あなたは、税理士が高度で専門的な知識と技能をもっているから、あなたの事務処理を税理士に任せます。これに対し税理士は、あなたの信頼に応えるだけの質の高い仕事をする職責があるのです。

あなたの依頼内容を実現するに当たっては、あなたは特別に指示をしないかもしれません。それでも依頼を受けた税理士は、善良な専門家として慎重な配慮を尽くす義務があります。これが「善管注意義務」です。

③助言及び注告義務

専門的でむずかしい問題は、一般の人には正確な判断ができません。そこで税理士は、仕事を依頼したあなたに対して、役に立つ的確なアドバイスと違法な点があれば注告をして、あなたが正しい判断ができるように配慮します。これが「助言及び注告義務」です。

説明もしないで、税理士が勝手に「こうすればよいのだ」と言うことはありません。それは、あなたが自分で決定する権利をないがしろにすることになり、違法に当たります。

(2) 税理士の仕事の間違い

(1)で、税理士の3つの義務を述べました。あなたの税理士がこれに違反すると、責任を追及することができます。

また、これだけではなく、税理士に仕事を依頼したあなたは、さらに手厚い法律で守られていますので、そのお話をしましょう。

あなたの仕事がもしもうまくいかなかった場合、それは税理士のせいかもしれないと疑ってみるのは正常なビジネスセンスです。起業もビジネス。ビジネスというのは、うまくいくとは限りません。自分を防御する方法を心得ておく必要があります。その知識自体が、あなたを守る一種のセーフティー・ロープ（ビジネスの命綱）です。

専門家として依頼された税理士が、その仕事で間違った判断をしたら、それはいわゆる「義務違反」です。

また、あなたは、専門家は間違いなくやってくれると信じています。これを「信義則」といいます。わざとではなくても、その信義則に違背しているなら、あなたは「税理士さん、それはないでしょう」と言えるのです。

あなたは税理士に信頼を裏切られ、傷心状態になることはよくあるでしょう。また、具体的に損をすることもあります。そんなとき、「税理士さん、損害賠償してくださいよ」と裁判所に訴えることができるということです。

事例研究⑥ ◆◆◆ 経費の前払金は原則として返してもらえる

決算期が8月末（申告期限10月末）の海外旅行代理店を営むKツアー株式会社（以下K社）が、決算期直前の7月20日に税理士事務所を訪れました。事務所では、7月21日に税務署に、決算申告を11月30日に1カ月延期する「納期の特例」を過剰な不安感から無料で承認申請しました。

決算料の年額5万円は前払いで支払い後に契約成立、会計ソフトは無料提供、K社の自社経理（入力をK社がすること）という契約内容でした。

K社は9月20日にやっと前金5万円を支払い、契約成立。互いにK社の決算申告の仕事をはじめました。

ところが、9月25日、K社は、「急に会計ソフトが動かない」と言って返金を要求。K社は、税理士会の苦情処理委員会に苦情申立てをしました。やむなく税理士は、東京簡易裁判所に「債務不存在の訴え」を起こしました。

原告の税理士は、「税理士にはK社に対する債務は存在しない」と主張。被告K社は口頭弁論で「別に5万円は返さなくてもかまわない。だけど、まだ決算申告していない。前金は返済すべきだ」と筋論を主張しました。

裁判所は、K社が「5万円は返さなくてもかまわない」と証言した事実だけに基づき、原告勝訴としました。K社が余計なことを言わなければK社が勝訴していたでしょう。

たとえK社のパソコンが古く、税理士がバージョンを確認しても、現実に会計ソフトが動かないと言われるのは、素人のお客様としてはあり得る話です。その場合の契約上の対処ルールの説明不足だったと思います。何ともお客様には申し訳のない後味の悪い判決でした。

② 実務界の無料経営サービス

政府の公的融資などによるお金の供給（資金調達）のほかに、民間の実務界では、無料などの誠実な経営サービスがたくさんあります。インターネットで検索してみると分かります（例：〔決算.tokyo〕）。こうしたサイトでは、政府系の「セーフティー・ネット（命綱）」に対して、民間系の「セーフティー・ロープ（命綱）」と分けています。法律による起業支援のセーフティー・ネットは、別途に公的支援として第4章で説明します。

実務界には「無料」または「超格安」サービスは、たくさんありますので、上手にネットサーフィンしてください。

ただし、「無料ほど高いものはない」とも言われます。インターネットではたいていは「導線」として「無料サイト」があり、その後ろに「バックエンド」といって、販売目的のホームページがあります。依頼・注文するときは、気を付けましょう。

(1) 税務などへの「届出手続き」

まずは、個人事業をはじめたい一人起業の方のための税務の知識・ノウハウから、実務界の「無料サービス」を探してみましょう。

手はじめに、個人事業の基本的な知識・ノウハウですが、起業の手続きとしては、単に税務署に「個人事業の開業・廃業等届出書」と付随した書類一式（青色承認申請など）を出せば、おおむね完了です。書式はインターネットでダウンロードできますし、税務署に行って「個人で開業したいのですが」と言えば、無料でパッケージ書式を頂けます。

このように一人起業の方については、「個人事業の開業・廃業等届出書」と「青色申告の承認申請書」、配偶者が専業主婦（主夫）の場合はこれに加えて「専従者届」が、事業開始から3カ月以内に提出されていれば問題ありません。

役所も、一人起業の人は何も知らないのが当然と考えていますので、書類の届出や承認の期限さえ守れば、帳簿（経理記帳）も、その後で考えればいいことで、さほど大きな問題になることはありません。

特に一人起業の人にとって、帳簿については、実務現場で無料サービスがたくさんあります。ですから、慌てて会計ソフトなどを購入する必要はありません。事業をはじめたら「直ぐ毎日、商業帳簿を作成しなさい」と商法には書いてありますが、裁判所では「おおむね一月に一度、帳簿を作成していれば適法」という判例も出ています。経理帳簿に関しては、一人起業の場合は、あまり怖がることはありません。

(2) 会社設立

一人起業するのに、最初から「会社設立」をしたい人は結構多いです。それはそれで問題はないと思います。

「会社設立」の場合、個人事業の場合も同じですが、税務書類の提出期限に注意が必要です。中でも最重要書類「青色申告の承認申請書」に関しては、会社の場合は設立日後3カ月以内です（個人事業では事業の開始届日から2カ月以内。1月1日〜1月15日に個人事業を開業した場合は3月15日までとなっています）。

なお法人設立日から期末まで、3カ月ない場合は、その期末までに青色申告申請をしておかないと、第3期目からしか青色申告にならないルールがあります。特に、間違えて事業年度を1年（12カ月）を超えて設定した場合、つまりたとえば1月10日の設立で「事業年度を14カ月後の3月末日」と設定すると、ばかばかしいことになります。

事業年度は1年を超えることができないので、設立日から3月末日までを「1事業年度」として設立日1月10日から3月末日を1事業年度（第1期）として決算し、その2カ月後には申告納税することになります。

その場合、さらに悪いことに「青色申告申請」が出ていないと「3期目」ということで、設立年度の3月末決算も、次の第2期目の決算も、法人税等の申告は白色申告とされます。白色は多くの不利益が待っていますから注意しましょう。

蛇足ですが、会社の「法人設立届出書」の提出は設立日以後2カ月以内となっています。このように提出書類によっては税務署への届出・承認申請の期限がまちまちのものがあります。たとえば「給与事務開設届出書」を出し、同時に「源泉所得税の納期の特例」という書類を出せば、従業員が平均して9人以下であることを条件に、源泉税の納付に関しては、その届出月の翌月からは「毎月10日納付」に年2回ルールが働きます。

つまり「7月10日または1月20日」の年2回払いに変更できる制度になっています。早く出さないと役員報酬を当初から取る場合は、源泉税に延滞税等が加算されるのでばかばかしいです。

ですから、税務署への書類は届出書も申請書も一括で、法人は「登記をして謄本が取れたらすぐ」、個人事業は「開業したらすぐ」と覚えておかないと思わぬ勘違いをしたりします。

では、肝心の「無料サービス」はどうなっているのか、第1章第5項でもご紹介しましたが、もう一度あらためて実態をご紹介します。

インターネットを見ると、「無料の会社設立」のキャッチコピーが踊っています（例：「会社設立.tokyo」）。会社設立に要する印紙代と公的手数料は、株式会社では、公証役場での定款認証料（認証手数料4万円、紙ベースの定款に貼る印紙代5万円、定款写し代1900円）の9万1900円です。それに登記所（法務局）での株式会社設立登記申請書に添付する印紙代が15万円。合計で24万1900円です。法務省オンラインの行政書士などに依頼すると定款を電子定款で認証する制度があり、それだと定款の印紙代4万円が不要です。したがって電子定款の認証代は普通20万2000円といわれます。

つまり、これ以下だと、行政書士などに支払う手数料が「出血サービス」。それ以上だとその手数料が上乗せされています。ただし、税理士紹介がひも付きサービスのものもありますので注意が必要です。

事例研究⑦ ◆◆◆ 税務申告期限を知らない行政書士

会社設立を行政書士に依頼した合同会社吉村事務所（仮名）の吉村紀夫社長（仮名）は、会社設立登記を終えました。平成25年7月16日が「設立日」と謄本に記載されていました。依頼した行政書士は、たまたま「税理士紹介が『ひも付き』」という会社設立請負いではありませんでした。そのため、会社設立後、その行政書士は税務署への届出について、何のアドバイスもありませんでした。

しかし、吉村社長は「税務申告は、いつするのかなあ」と思い、インターネットで「「決算申告.jp」」と検索してみました。そして、たまたま「青色申告は会社設立から3カ月以内」の警告を目にしました。その日は10月16日でした。急いでそのサイトに電話して相談しました。

運よく「無料相談」のアポがその日の17時30分に取れました。そして、その税理士事務所に伺うと、「今日」が期限だとアドバイスされました。しかし、税務署はもう閉まっています。そこで、その税理士事務所は「法人開設届」一式を、書けるところだけ書いて、当日中に中央郵便局から普通郵便で送るよう指示しました。

数日後、税務署から補正をするよう求められましたが、青色申請は受理され、設立第1期の欠損金は繰越しができることになりました。めでたし、めでたし。

3 社会保険は加入しなければいけないのか

従業員がいない一人起業の経営者の比率は高いのですが、はじめは一人起業でも、仕事がうまくいくと、新たに雇用の問題が出てきます。

このとき経営者にとって頭が痛いのは、よい人材探しと、社会保険加入による資金繰りの悪化です。

なお、雇用問題としては、特別な規制緩和の実験が行われている「国家戦略特区」があります。この特区内では、雇用面を優遇し、人材確保がしやすい国の法律を優先する「規制排除」が進行します。東京圏（東京都の先進的9特別区・神奈川県・千葉県成田市）、関西圏（大阪府・京都府・兵庫県）、兵庫県養父市、新潟市、福岡市、沖縄県の計6カ所（内閣府資料より）です。

(1) 社会保険加入の法令規則

個人事業なら、一定の事業については、従業員が4人以下の場合は、健康保険（健保法第3条）、厚生年金（厚年法第6条）に加入しなくてもよいことになっています。また、今後どうなるか分かりませんが、いままでの行政慣行として、個人事業のうち飲食業、美容業、コンサルティング業などの一部のサービス業は、何人雇っても健康保険加入は強制されていません。

たとえば、正社員100人の個人経営の飲食業では、健康保険は加入を強制されていない現状があります。ですから、工夫次第で社会保険料の負担を軽減することができますね。

最近では、既存の中堅会社が「社会保険料の節減」という切り口で、この種の経費節減策を行い、大きな利益創出の効果を上げています。窮境にある会社には大きな「益出し戦略」になっています。

つまり料理店の会社を「厨房等の施設賃貸会社」に目的変更（業種変更）して、飲食業自体は「個人事業」に切り替えます。そして従業員も個人事業にもっていってしまいます。すると「不動産賃貸業」となる会社では社長さんだけが役員報酬を取るので、社長さんだけが社会保険加入を強制されます。

その給与を税務との兼ね合いでうまく調整すれば「安い報酬」で、健康保険サービスが受けられ、厚生年金保険は将来「もらいが少ない」デメリットは残りますが、経営が苦しい時期としては、多額の社会保険料負担の資金が浮くことになりますね。その分、国は歳入が減るので、痛手を負いますが、ちゃんと適法な処理をすれば合法は合法ですね。

もっとも、従業員を社会保険に加入させるという場合は、人材確保の観点から、どちらが利益になるかを考えなければなりません。労働時間が週30時間を超えない就労体系のほかに、週

20時間以上なら、つまり週20時間以上30時間以内の就労体系なら、希望者は社会保険に加入が可能ですので、「雇用確保」の点から、目的に合わせた工夫ができます。

近年、4年に1度の社会保険の「算定基礎届」で、会社が年金事務所に出頭して書類審査を受けることになりました。社会保険未加入会社には年金事務所からの呼び出しでは「年金加入は強制で、会社の思惑での不加入は違法です」という旨の書類が送付されてきます。社会保険にも罰則はあります。ただ、いままで行政は「お金がないなら加入させてやらない」という態度でした。ですから、行政の実態としては、いまでも社会保険の実地調査は垂れ込み（内部告発）などの場合を除き、ほとんど行われていません。

社会保険は、負担金額が法人税額などと比べものにならないほど高額です。「資金繰りがうまくいかない会社」は、まず経営革新しないと社会保険料の負担で倒産する可能性があります。社会保険も身の丈の負担をする工夫をお勧めします。合法・妥当な社会保険の節約の工夫は可能です。

なお、雇用保険・労災保険は、労災事故があった場合に備えるもので、保険料も比較的安いです。この加入により、起業時でも従業員を大事にする経営者のイメージを求人広告にメッセージとして伝えることができます。常識論としても、雇用保険の加入は、雇われる人の最低の勤務上の危険負担として、経営者の従業員への良心の証となります。

投資経営によって外国人が運営する会社でも、社会保険に関する状況は同じです。しかし、投資経営ビザ申請の会社に当たっては、従業員の社会保険は、国民健康保険・個人年金でもよいことになっています。

(2) 国家戦略特区の雇用創出について

2015年ころからですが、アベノミクスの経済成長戦略において「国家戦略特区」構想が現実に動きはじめます。「特区行政が国の法律に上回る？　そんなことできるわけがない」とお思いですか。

しかし、善しあしは別にして、行政はいったん方向が決まると、役所が法律に基づいてそのように動きます。建設現場や介護現場の単純労働者も規制緩和。女性の労働を支える外国人家政婦のメイドビザも解禁の方向にあります。業種によっては期待してよいでしょう。

(3) 人材確保について

雇用者と被雇用者のマッチングは、どこか「運任せ」ともいえます。

人材確保の方法として一般的なのは、雇用保険事務所に行って、求人申込みをするというものです。個人事業主は事業開始届書、会社は登記簿謄本が必要です。手続きをするときには、当初の求人申込みの初期登録から雇用問題の相談まで、窓口で親切に教えてくれます。ゆっくり相談するには、混まない午前中がお勧めです。

事例研究⑧ ◆◆◆ 飲食業では社会保険料対策が可能

平成14年3月下旬、飲食業（小規模なお総菜屋さん）で起業したいと考える梶原雄太さん（仮名）が、〔一人起業.com〕を見て、経営コンサルタント事務所を訪れました。店はすでに居抜きを個人名義で賃貸契約したという話でした。なぜその不動産屋さんに税理士を紹介してもらわなかったのか聞いたところ、報酬の安さが決め手になったとのことでした。

相談の結果、屋号で商売する飲食店は、合同会社（LLC）が安上がり（設立登記申請書に貼る印紙代は6万円、公証人の定款認証は不要）なので、合同会社を設立することにしました。

一人起業で、妻が店を手伝ってくれるということで、社長と妻の「みなし役員給与」は7月から支払うことにして、法人開設届一式（青色申請書を含みます）を、3月中に郵送しました。それにより初年度の欠損金の繰越しに備えることができました。

今後は、3人ほどの従業員を雇い、売上を伸ばしながら店舗を増やしたいとのことでした。

飲食業の場合、個人事業なら、将来雇用が見込まれる従業員の社会保険料の強制がありません。それで飲食業経営で「個人事業の開業届」を税務署に提出して、社会保険料対策が可能です。

飲食業の起業に当たっては、会社に設備・内装設備などを保有するかリースする設備運営と、運営コンサルティング機能をもたせる手法を提案し、飲食業の運営は、個人事業で行う提案をしました。

適正な経営管理が必要ですが、これで社会保険料加入は不要になりました。年金事務所にもその旨の届出をして受理されました。このケースは、飲食店などの社会保険料対策としてとても参考になります。

④ 開店休業の時期の資金繰りと、社長の生計費の関係

一人起業をやりたいのだけれど、「まだ会社に勤務中で迷っている」「専業主婦なので内職か時間の融通のきく仕事のほうがいい」と考えている方は少なくないかもしれません。しかし、そんな方たちにあえて言いましょう。「やってみなはれ！　セーフティー・ロープがありますから！」。

今後の中長期の雇用環境の一般論として、給与が上がるのは、成果主義が問われない35歳程度までの大企業の従業員、または「専門技術や知識」のある人に限られます。50歳を過ぎると、出世の道からはみ出したお勤めの人は、失礼な言い方をお許しいただければ、大会社では「不

良資産」。早期切捨てを画策しているのが実態です。

だったら、ひそかに「一人起業」を準備したほうが人生にとってに賢いと考えるのが普通ではないでしょうか。

現に中小企業庁の統計でも、１００万人もの「起業希望」の人がいて、毎年その半数の50万人が「起業準備」をし、その中から毎年25万人前後が実際に起業している実態があります。内規で「他社就業の禁止」。それは高度成長時代の名残。万が一会社と争っても勝訴の判例があります。

むしろ、大企業の中には「不良資産」の社員に「独立」を奨励して、支援をする会社もあるほどです。

(1) 政府による女性の自立支援

２０１４年９月の第二次安倍内閣は、５名の女性閣僚を配し、女性重視を打ち出しました。安倍政権は「女性活躍」の推進を掲げていますが、その「女性活躍」とは大企業の女性管理職登用・増員のことです。小規模事業に身を置く人には恩恵は届かないと、諦めている人もいるかもしれません。しかし、世の中は確実に地殻変動が起こりつつあります。

頭脳労働の時代です。そこには男も女も関係ありません。女性の仕事は、過酷な通勤を強いられる職場を避けて、なるべく近場、またはクラウドコンピューティング（ネットワークをベースとしたコンピュータの利用形態）の仕組みを装備した職場がよいのではないでしょうか。男性には昔から肉体労働の場がありますが、女性が「女性の魅力」を売る仕事は、もう遠い昔に葬られています。

会社勤務に固執していたら、専門知識や専門職の経験がない限り、今後の労働環境ではどんどん給料が下がっていきます。これは会社側の問題で、社員が専門技術をもっていないと会社の収益が下降していき、社員に高給を支給できなくなるからです。

そこで1つ提案があります。そのような労働環境にあって、女性が稼がなければならないのなら、自立して仕事をすればいいのです。そのためには、専門知識を習得するか、雇用に頼らない営業能力を自分で開発するかのいずれかが得策となります。

子育て中の主婦（主夫を含む）は子育てという仕事があり、ほかの仕事との両立は大変にむずかしい場合が多いようです。しかし、「足ッシー君」「召ッシー君」を従えたアラフォー・アラフィフは、雑誌『Hanako』が華やかなりし世代。高級品で生きてきた美的センスがあります。それを生かさない手はないでしょう。インターネット通販はいかがですか。売れてから仕入れる問屋さんもあります。

開業するには、ただ税務署に「個人事業の開業届」と青色申請を出すだけです。ノウハウなしの開業で、出費や投資は後から学習すれば間に合います。当分「開店休業」です。それでいいでしょう。

税務署に「個人事業の開業届」を出しても、個人事業で稼げない状態なら、税金はゼロ、出費もゼロ。だから「開店休業」。しかし、とりあえず開業しておけば、「個人事業主として学習をはじめようかなあ」という気持ちが湧いてきます。

(2) 女性の自立環境

女性起業家への政府のセーフティー・ネットとしては、女性専用の融資枠があります。

女性の人材の能力開発は、大企業では以前から自前で大々的にやっていますが、政府のいう「女性の能力開発」ははじまったばかり。現在のところは、大企業がキャリア女性に向けて行っているものがあるだけといっていいでしょう。

しかし、ここで問題にしているのは、そのようなもともとキャリアの高い女性たちではありません。融資申請しても公的融資のハードルに阻まれる「カネなし・技能なし・経験なし」の女性たち。漠たる意欲はあるけど、何とかならないかと思っている女性たちです。

誰もケアしてくれないので、自宅に引きこもって悶々としている人も多いと思います。今後も、そんなあなたに手を差し伸べる奇特な人は、時代錯誤の昔話「白雪姫」。いまはディズニー「アナ雪」の時代。しっかりしなさい！

そうはいっても、迷えるアラフォー・アラフィフには、しっかり元気づける「心のケア」を含めた支援が必要です。相談先がなく、起業の漠たる希望をもった人は、具体的な起業チャンスがほしいのだと思います。本当の女性の活性化には、お金ではなく、まず無料の体系的な起業スクールの提供が必要なのだと思います。

女性を経済成長の柱の1つとするならば、それが「女性活用」のために必要な本当の公的支援です。

事例研究⑨ ◆◆◆ マッサージ業で生活の糧を築いた女性

2012年1月、元モデルのアラフォーの陳艶さん（仮名）が、私の事務所（以下、事務所）を訪れました。

陳さんは、日本に永住権をもった中国人で、2人の子ども（8歳と12歳）がいました。ずっと裕福な生活をしてきましたが、最近、日本人の夫に愛人ができて、自宅に戻らなくなり、陳さんにはほんのわずかな生活費を入れるだけになったということです。陳さんは、性格がとても優しく、気が弱い人だったため、夫に愛人と別れることを強く言い切れなかったのです。

本人の希望により自立の道を探り、マッサージ業をはじめました。まずは中国人の先達の治療室で働き、ノウハウを教わることにしました。

その後2013年秋、自営業でマッサージ店をはじめました。最初の半年は、どうにもならない「開店休業」状態でしたが、いまでは常連客もでき、何とか生活ができるようになりました。よかった！

5 経理帳簿には、無料のクラウドソフトで無料の入力指導の支援

一人起業の会社や事業所の経理は、ＩＴ技術の進歩により、もはや「専門の技術」ではなくなっています。

数年後には、確実に音声応答の経理入力が実用化していると思います。

(1) 経理知識が要らない経理帳簿

経理知識を必要としない帳簿には、従来から、経費帳や銀行勘定簿などがあります。一般には、いまだにそれらを手書きやエクセルで入力し、それぞれの帳簿をつくる習慣があります。これを「会計帳簿」にするためには、「会計の専門家」による工程を必要とします。体系的な経理帳簿にするための、いわゆる「経理の工程」です。現在では、この経理の工程の自動化が

進んでいます。

手書きの帳簿は、生産性がきわめて悪いです。では、どうすればいいでしょうか。

それは、税理士事務所が提供する無料の会計ソフトを使います。この会計ソフトで、あなたの「経費帳」と同じ内容の帳簿つけをします。この場合、通帳を通して払う経費は、「銀行勘定帳」（後述）で記入し、二重仕訳はすぐ後でチェックできますので心配はいりません。あなたが記入するのは、現金扱いのものだけです。あなたは、経費帳にペンで書く代わりに、パソコンならキーボードで入力してくれればいいのです。

コラム⑩ 二重仕訳のからくり

いま、二重仕訳はすぐ後でチェックできると言いましたが、経理帳簿のつけ方の問題として、たとえば、銀行から1万円のお金を引き出したときは、「銀行勘定」でお金を引き出した処理をします。つまり銀行勘定には、銀行預金が1万円減って、現金が1万円増えたと記録されます。

そして同時に、「お金（現金）」については、同じ日に現金出納帳で「銀行から1万円のお金を引き出したのでお金が1万円増えた」と記録します。すると2つの帳簿から「試算表」をつくると、現金1万円が2回増えたと記録されることになります。

銀行預金が1万円減ったという記録も同じく、同じ日に2回減ったと記録されます。しかし銀行預金通帳を見ると「1万円が1回、引き下ろし」されているだけです。

この問題は「手作業」の場合に起きる間違いです。現金出納帳と銀行預金勘定がリンクなしで同じ日に、事実は1万円しか通帳から引き下ろされていないのに、2回預金が減ったと仕訳されます。それは間違いです。その間違いを見つけるのは、預金残高と帳簿の銀行預金勘定を合わせればすぐ分かりますし、経理作業としては、必ず仕訳作業の後で行うチェック作業ですので、会計ソフト上のアウトプットで、二重仕訳になっていれば、どちらか一方を消せばよいという話です。


帳簿にはもう1つ、「銀行勘定帳」という帳簿がありますので、これについてお話ししましょう。

この帳簿は、銀行の預金通帳を写すだけです。ここで注意したいのは、預金通帳に印字された各行が、銀行側で見た左列・右列（借方・貸方）になっていることです。銀行としては、あなたが預け入れたお金は預かり金です。つまり銀行としては「借金」。正確には「負債」です。負債は、会計表示としては、右列に表示することになっています。そのため、銀行の預金通帳（銀行の預かり金勘定の明細書）では、右側の列に印字されています。

ですから、あなたは銀行通帳の左列・右列の数字を、パソコン上の「銀行勘定ファイル」を呼び出して、機械的に逆にすれば、あなたの会計に適合したものになります。それを自分でやると無料ですみますが、銀行にお願いして、いわゆる「インターネットバンキング」で処理すると、月2000円前後のサービス料を銀行に支払う羽目になります。

一人起業程度の銀行勘定の取引件数（通帳への印字件数）はそれほど多くないと思いますので、月額2000円を支払わないで、ご自分で処理することをお勧めします。

このインターネットバンキングを利用すると、自動的に「経理仕訳」をしてくれるソフトも世に出回っています。経理作業の自動化で経営者の経理作業が減り、経営者はその分、別の仕事ができるというわけです。

これは経理の自計化と軌を一にする傾向があります。その動きが激しいのでこの経理の自動化は急速に進むと思います。

「経理の自計化」は、経理の「在宅勤務」による合理化・経営の進化と表現できます。これはクラウド会計の普及により当たり前の経営スタイルになりつつあります。詳しく知りたい人は、〔クラウド会計.com〕か〔会計ソフト.tokyo〕を、ウェブ検索してみてください。経理が怖くなくなります。

なお、ちょっとした会計ソフトの制約なのですが、銀行勘定で銀行が表示してくれる摘要

（メモ書き）は限られています。取引先名などです。あなたなら銀行通帳に印字される取引内容がすぐ分かるのは当たり前ですが、税理士事務所では多くは推理できても完全には解明できません。だからどうしても、銀行勘定の内容は、あなた自身のメモ書き入力（摘要欄へ）が必要です。

インターネットバンキングの情報についても同じで、あらかじめ登録した取引先などを除き、個々の取引内容はメモ書き入力が必要です。それをやっていただくだけでいいのです。

何がいいかというと、あなたの経理が無料でできるからです。それも、あなたは無料の会計ソフトを税理士事務所から提供されますから、経理コストはゼロです。

では、「税理士事務所はどこでもうけるの？」と聞きたいですか。

税理士事務所は「決算・申告」をあなたから請け負いますから、あなたは税理士事務所にその報酬を払わなければならないわけです。その報酬でもうかるようにするのが、税理士事務所の経営能力です。

(2) クラウド会計の仕組み

昨今、開発され実用化されている会計ソフトを紹介します。これは通信技術革命の恩恵によるもので、革命というだけあって、無料での提供がほとんどです。それはクラウドコンピューティングというIT技術を応用したものです。その特徴は次の3つです。

①あなたのパソコン、タブレットで会計表示や処理をする

②あなたの通常のインターネット通信設備を利用する

③あなたはサーバをもたず、共同の情報センターを利用する

これにより、あなたは無料または格安の会計処理サービスを受けることができるのです。つまり、あなたの側で会計ソフトを買う必要がなく、毎年のバージョンアップコストも不要。サーバが不要なのでメンテナンスコストも不要。あなたに無料提供するために、税理士事務所が費用の負担をしています。

クラウド会計ならその費用は相当な額に上りますが、税理士事務所はその多くの部分を固定費と捉えて設置します。税理士事務所の経営としては、顧客増を狙えばその固定比率は低くなり、税理士事務所の財務内容がよくなるというわけです。

有名なクラウド会計ソフトとしては、たとえば、「エーサース」や「弥生会計（クラウド版）」があります。ただ弥生会計などでは、会計ソフトをあなたに買ってもらわないと経営が成り立ちません。いわばセミ・クラウド会計という位置付けです。

一方、エーサースは完全クラウドの仕組みで、あなたは会計ソフトを買う必要はありません。仮想空間から暗証番号でダウンロードするだけで、会計ソフトとあなたの会計帳簿が一度にあ

なたのパソコンに入ってきます。それを処理して、また、仮想空間に格納するだけです。クラウド会計ソフトは、いまでは多くのソフトメーカーや税理士事務所がインターネットに掲載しています。検索してみてください（例：「クラウド会計.com」）。

税理士事務所は、あなたが入力してくれた毎月・毎日の「経費帳」から、自動的に「経理の試算表」をつくり、本格的な会計帳簿（総勘定元帳）を自動的につくります。毎月の試算表ができれば、入力情報だけに基づくおおよそのものですが、損益計算書と貸借対照表を自動的につくれます。これらは、財務諸表といわれる書類の80パーセントほどを占める重要な部分です。自動的に経営分析、資金繰り表ができ、自動的に決算までの動向が読み取れるのです。

⑥ 売上をつくる基本ノウハウの無料相談

つかみどころのない質問ですが、「売上」とは何でしょうか。

じつは、これは経営学者らが「売上＝数量×単価」という回答に誘導するための質問です。心理学者なら違った回答を用意するでしょう。とりとめもない気配りや機転をきかせて、何となく毎日を過ごす大多数の人たちに回答するなら、「売上とは気配りや気付きが大切なもの」といえるでしょう。

(1)「売上とは気配りと気付き」

売上は心理学。

「一人起業をやってみようかな」と考えている人には、「いまの生活環境や経済状態を何となく抜け出る方法はないかな」と思っている人が多いと思います。

「もう少しよくならないかな」

「何がよくなるといいの?」

「そうだなあ……。生活かな」

「生活って、お金がもう少し入ればいいなという意味?」

「まあ、そうかもね……」

あなたが、もし何か規模のごく小さい起業をしたいと望んでいるのなら、まず、一般のいわゆる「生活者」に役に立つことを考えると思います。それは正解です。その正解を商売に結びつけるために、何かアイデアはありますか。

1つのアイデアの基準となるのは、あなたが何を売って一般の人の役に立ちたいかということではありませんか。

そのとき、「世の中は甘くない」と、あなたの起業したい気持ちに水を差す人はいませんか。

その人はきっとあなた自身です。足を引っ張るあなたの「常識」が頭をもたげてきているのでしょう。しかし、そのあなたの「常識」も正解です。

そこで商売の最初のノウハウである「売上をどのようにつくるか」について、1つヒントがあります。それは、「あなたがやれる起業は、あなたが得意なことでしか長続きしない」ということです。それはあなたの潜在的な能力か、周りの人が驚くような発想で、「それ面白いね」と言ってくれるような「気付き」です。それはもう立派な「能力」です。

その能力をご自分で、引き出してみてはいかがですか。

どのように引き出すのかって？　そうですねえ、紙に書き出してみてはいかがですか。ダボハゼ釣りと同じ発想で、その1つのメモ書きをマルで囲んで、次にアメーバみたいに線を右に延ばすと、あなたならきっと、関係のある気付きのメモが書けるでしょう。

そのようにして、あなたがやりたいことが1つに絞られてくると思います。あなたが絞ったこだわりのあるアイデア、それがたぶん「あなたの売る商品やサービス」にたどり着くヒントだと思います。

このように起業を考える場合、人はみな「自分の得意なことでしか売上をつくれない」と考えたほうがいいと思います。

さあ、あなたが売りたい商品やサービスが決まりましたか。お金が掛かる話でしたら、まずスポンサーを探さないと話が進みませんが、お金が掛からない話でしたら、あなたがやりたい商売が決まった段階で、まったく投資なしで、ごく規模の小さい起業の準備に入ることができるのです。

次に何をすればよいでしょうか。

ここでは、具体的におにぎり屋さんの例で考えてみましょう。

具体的な提案① 立ち売りのおにぎり屋さん

まず、あなたのビジネスモデルを、肩掛け・立ち売り販売（首からひもを掛け、腰で固定した横板に「おにぎり」を乗せて販売）とします。場所は、自宅の周りでは恥ずかしいから、昼間の時間に近隣のにぎやかな駅前としましょう。

商品は、仕出しおにぎり4品限定。値段は一律。本拠地は自宅の「おにぎり屋」の仕出し本部という設定にしましょう。

なお腰の横板の下には、「ブランド米名と産地名・ごはんを炊く際に使う昆布だしの昆布の産地名」「梅干しブランドと産地名」「梅の塩分パーセント」「たくあんの産地」などをきちんとビラ紙にして垂らしましょう。

商売をはじめるわけですから、次のことをやりましょう。

①個人事業の届出

税務署の「個人課税部門」に行って、「『個人事業の開業届』書類一式をください」と言ってください。「はい、これ！」と出してくれます。そしてその場で記入できるところを記入して「これでいいですか？」と尋ねてください。

一人起業の方の届出は「個人事業の開業届」「青色申告届」「納期の特例」「給与支払事務開設届」という書類を提出する程度です。

書類を提出したら収受印のある控えを保管するだけで、おおむね手続きは終わりです。細かいことはその都度、補正や追加をすればいいでしょう。

②許認可の届出

食べものを販売するおにぎり屋さんですから、保健所へも行きましょう。届出などの手続きについて質問すれば、親切に教えてくれます。いろいろなことがそこで分かります。たとえば、将来、おにぎりをミニカーで売る場合の規則なども分かります。

あと、警察署へ行って、出店する場合の規則を聞きましょう。「あれダメ」「これダメ」と言われる場合がありますが、「では、これはどうですか？」と別のアイデアを提案してください。役所の窓口で、常識を逸した威圧感を感じたら、「偉そうな言い方をしないでくださいますか？」

と冷静に言ってください。くれぐれも熱くならないように。

(2) 売上を計算して記録する方法

売上の計算式は次のとおりです。

売上高＝単価×数量

大切なことは、その売上高はおにぎりの種類別に計算することです。ですから、あなたの売上の計算は、具体的には次のようになります。

おかかおにぎり　＝単価（円）×数量（個）
梅干しおにぎり　＝単価（円）×数量（個）
ソーセージおにぎり　＝単価（円）×数量（個）
かに蒲鉾おにぎり　＝単価（円）×数量（個）

売上表（次頁参照）は次のようになります。

毎日、商品ごと（おにぎりの種類ごと）に算出して、個別に統計を取ります。ノートに「縦軸に日付、横軸におにぎりの種類、単価、数量、当日売上小計」の欄をつくり、おにぎりの種類ごとに売上数と金額小計を書き込めばいいでしょう。

おにぎりの売上表

（単価60円）

日付		おかか		梅干し		ソーセージ		かに蒲鉾		小計	
月	日	売数	金額	売数	金額	売数	金額	売数	金額	売数	金額

統計を取ると、売れ筋が分かります。売れないものは、別のものに切り替えます。売れるものを重点的によりおいしくすると売上が増えます。化学調味料の入っていない酢を使った酢飯にしてみるとか、いろいろ工夫ができます。単価も、品質も、あなたの工夫次第です。それが「気付き」です。コンビニと違うおにぎりにすれば、あなたは絶対に勝てます。

また、あなたの「立ち売り店」は、肩掛け販売で販売面積が狭いですが、それでも競争力はあります。場所が駅前の道路脇で、人目につきやすいからです。

以上の「立ち売り店」は、お金がほとんど必要のないごくごく零細な一人起業案です。私は税理士を30年以上もやっていますが、まだ、このアイデアを取り入れてくれたお客様はいません。なぜか分からないのですが、思い切ってこの本で紹介してみました。

このような零細な起業の相談窓口は見つからないかもしれません。もっと細かい点までアドバイスが必要な人は、〔一人起業.com〕のサイトに行き、メールで「無料相談希望」と書いていただければ、私が相談に応じます。

7 起業歴は人生の勲章

いま、国を挙げて一般の人が起業することを支援しています。公的金融機関や都道府県・市区町村、保証協会、商工会議所などがこぞって起業支援・創業支援のセミナーを開いたり、ホームページで融資案内をしています。

(1) 起業したらずっと続けなければならない規則はどこにもありません

経済が行き詰まった感のある現在において、起業したら誰でも必ず成功するというわけにはいかないでしょう。起業がむずかしいという印象をもって当たり前だと思います。

起業して、万が一失敗した場合、どうなるのでしょうか。

起業の途中で投げ出したり、やめたりしても問題ないのでしょうか。

投資をしないでやってみて、ようすを見るという慎重な人もいます。その起業に対しての心持ちとしては、起業準備だと思います。

しかし、個人事業であれば、税務署に「個人事業の開業届」を出すだけで、少なくとも体裁上「起業」ははじまります。会社化の手続きは実務的には2、3日あれば完了します。急がず焦らずで、「石橋をたたいて渡る」起業方針も、とてもいい気配りだと思います。

「個人事業の開業届」を提出して、その暦年の収支が赤字であれば税金はゼロです。また、赤字が出て事業が続かないと思えば、赤字が出るか出そうな段階で言葉は悪いですが、事業を放り投げても、税務上、何の問題もありません。

つまり、こと税務に関しては、申告しなくても問題はありません。確定申告は、所得があればしなければならない義務がありますが、赤字なら申告不要です。

(2) 起業して途中でやめる場合はどうなるのか

個人事業として一人起業をして、途中でやめた場合は、どうなるのでしょうか。

小規模な一人起業では普通、そんなに大きな金額が動くことはありません。小規模であれば、大きな問題になるような話はまったくありません。

税務上は、黒字であれば、その黒字分を翌年の2月1日から3月15日までの期間に、申告して同時に納税することになります。赤字であればほかの所得と損益通算できるということはすでにお話ししたとおりです。通算する申告をしたほうが得ですが、その個人事業自体については申告不要です。

起業した後、赤字のために個人企業を放棄した場合、税務上は問題ないことは説明しました。

しかし、契約があれば、時効になるまで個人事業の代表者である起業家本人には、その支払い義務や支払いを受け取る権利は続きます。

近々、その時効期間は、最低で5年に引き延ばされる見込みです。ちなみに、飲み屋さんのツケも時効は5年になります。

それはさておき、法人として会社を起業して、途中でやめる場合は多少面倒です。つまり解散という会社法上の手続きが必要となるのです。その手続きは、裁判所の手続きが絡みますので費用も掛かり、それなりに面倒です。しかし、処理は自動的に進みます。

赤字であれば、税務上では、まったく問題ありません。そのため、赤字になって会社の運営が続かないとき、起業して事業をはじめた多くの人が会社をそのまま放置します。会社が契約した事実があれば、会社解散手続きが終わらないと、その支払の義務や受取りの権利が続きます。

たとえば、会社名義で契約して飲み屋さんでツケ払いをしている場合は、時効になるまで支払い義務は生じます。会社が解散しても、支払い義務の時効まではその権利義務が続くことになります。金額によりますが、理屈をいえば訴えられる可能性もあります。

この場合、代表取締役が個人として保証していなければ、相手は代表者の特別背任訴訟を起こすなどの手続きが必要になります。そのため相手は、税務上の債権を含め回収が困難な状況になります。

反対にあなたが債権者であっても、立場を代えれば同じことがいえるのです。

(3) 欠損金の繰越しは青色申告者の得になるだけ

一人起業をして、中断した場合の税務上の話をしましょう。

個人事業の青色申告は、暦年の年明け3月15日までに確定申告書を提出することになっています。多少手荒なアドバイスになりますが、1回目はパスしても2回目の確定申告の3月15日までに申告すれば、「青色申告」は取消しにはなりません。それにより、青色申告の特典である欠損金の繰越しの権利が続きます。

(4) 税務申告は適正を心がけよう

一人起業も厳しい財政状態になれば、無我夢中になるのはよく分かります。そんな中でも、もちろん大方の起業家は法令順守で経済活動をしています。

ただごくまれに、以下のような、変わった方もいます。そのような話もぜひ知った上で、「君子危うきに近寄らず」がいいですね。

事例研究⑩ ◆◆◆ もうけた資金はどこへ?

一人起業で貿易をやっていた貿易会社、C株式会社の代表者Cさんは、某国国籍で、内縁の夫Yさんと首都圏の地方都市で暮らしていました。

仲間の貿易会社のライセンスを使って、無申告のまま、おそらく数年かけて数千万円の利益を上げました。その間、税務調査はありませんでした。C社は現在、輸出が振るわず、事業を放棄して休眠状態です。

代表者であるCさんは、青色申告期の貿易の消費税還付をしたいと、数年間の法人税と消費税の申告を依頼してきました。そのもうけた資金の行き先を尋ねても「ない」の一点張り。過去に土地・工場を買って、損をしたと言うのです。

しかし、登記もされていません。証拠書類もありません。しかも代表者Cさんの主張は支離滅裂で、日本語が分からない振りをします。税務署も苦労しているようです。

あまり詳しくは書けませんが、世の中にはいろいろあるというお話です。

第4章

一人起業にも適用がある公的融資

① 公的融資とは

事業に関する公的融資としては、国や地方自治体などの公的機関が設けている事業者向けの融資制度があります。対象者は、中小個人事業主や開業予定者を含む一般企業（会社・個人）です。

融資制度や融資条件などに関しては、経済環境に合わせて変更されることが多く、例外も存在します。それらについては、日ごろから、関係機関のホームページをチェックして担当部署に直接問い合わせるなどするとよいでしょう。積極的な情報収集をしている人には、よりよいチャンスに恵まれることがあります。

公的資金とは、国・地方公共団体またはその外郭団体やそれらに準ずる機関が、企業に注入する資金をいいます。直接・間接の税金であるとは限らず、各国の中央銀行や預金保険機構などの政策金融機関による特別融資もあります。公的資金の使われ方は、返済が必要な「融資」のほか、返済不要の「助成金」や「補助金」があります。

私は、「お金はないけれど、一人起業をしてやっていきたい」という人に、公的融資の窓口を紹介したいのです。

ところが、真面目で商売っ気のない銀行融資の専門家たちの間からは、「無理、無理！」という罵声のような声が聞こえてきます。そんな声は、「そういうものですか？」と聞き流しておけばいいのです。

注意したいのは、詐欺の「落とし穴」です。キーワードは「融資ブラック」。公的資金の出先機関、代理人、または紹介窓口を装う輩《やから》による犯罪が横行しています。このような人たちの話には、一切乗ってはなりません。

では、公的融資制度を設けている主な機関を挙げておきましょう。

(1) 信用保証協会付融資

具体的に、いまから準備をはじめる零細な起業家が利用できる融資の窓口としては、都道府県（市区町村）があります。都道府県（市区町村）は、域内の中小企業者（小規模事業者）が有利な条件で融資を受けられるようにするために、「信用保証協会付融資」を設けています。これは、都道府県（市区町村）が、資金を金融機関（信金・信組が多いです）に預託して、これを原資の一部としています。

手続きの流れとしては、役所の融資課が、1カ月から数カ月の融資教育をした後、あなたの希望する金融機関を紹介します。ぜひ「開業前」から相談に行って、十分に役所の指導を受けながら話を進めることをお勧めします。

零細な起業家が頼れるのは、この融資制度しかありません。ほかの融資制度は、公的融資を含め結果的にすべて「不可」です。ぜひ、大切な窓口として、敬意を払いながら接しましょう。

資金を出してくれる金融機関は、政府機関である「日本信用保証協会」に、あなたに対する融資を「保証」してくれるかどうかを打診します。承諾を得られたら、信金などの金融機関が融資をする仕組みです。

これを「制度融資」といいますが、あなたへの融資が返済不能となった場合、その信用保証協会が、あなたに代わって借金の返済をします（これを「代位弁済」といいます）。そしてその後、保証協会は、あなたへの融資額で焦げ付いた分を、あなたと枏談の上、あなたの長期にわたる返済計画に従って返済し続けることになります。

このときあなたが返済を打ち切ると、あなたの名前は「ブラックリスト」に載り、後々、政府系の融資が一切受けられない状況に陥りますので、いわゆる「踏み倒し」は禁物です。

一般的な融資条件としては、保証協会の条件を満たし、創業融資の条件に合致することです。

たとえば、東京都の信用保証協会の利用条件は、次のようになっています。
①中小企業者であること
②都内（市区町村）に住所があること

③保証協会の保証対象業種を営むこと
④許認可、登録、届出などが必要な業種については、その手続きを終えていること
⑤あなたが、反社会勢力に属さず、かかわらず、行為をしないこと

上記要件は、通常はあまり問題になりません。少し注意を要するのは③の対象業種です。ちなみに、次の業種は保証対象外です。

①農林水産漁業
②風俗関連営業、およびラブホテル、パチンコ
③金融保険業（生命保険媒介業、損害保険代理業、損保査定業を除きます）
④相場案内業
⑤非営利事業（団体を含みます）、NPO、LLP、学校法人、宗教・政治・経済・文化団体

補足ですが、信用保証協会の融資を受けると、「信用保証料」がごくわずかですが掛かります。

(2) 日本政策金融公庫の融資

日本政策金融公庫の融資は、いまのところ、「新創業融資制度」を除き、「1年以上の実績」がないと融資対象にはなりません。これは日本商工会議所が窓口となって融資する「マル経」

といわれる保証協会の保証付き融資も同じです。事業の前から行われる融資は、みなさんの住所地の役所を通じた「制度融資」だけです。

もちろん、1年の実績を積んでから融資申込みをすることは問題ありません。

② 新創業融資制度

これも日本政策融資公庫の制度ですが、新創業融資制度は特筆すべきものと考え、本書に掲載します(2014年11月現在)。

利用できるのは、次の①～③のすべての要件に該当し、審査に合格した人です。

①創業の要件

新たに事業をはじめる人、または事業開始後税務申告を2期終えていない人

②雇用創出、経済活性化、勤務経験または修得技能の要件

次のいずれかに該当する人

(1) 雇用の創出を伴う事業をはじめる人

(2) 技術やサービスなどに工夫を加え多様なニーズに対応する事業をはじめる人

(3) 現在勤務している企業と同じ業種の事業をはじめる人で、次のいずれかに該当する人

(ア)現在の企業に継続して6年以上お勤めの人
(イ)現在の企業と同じ業種に通算して6年以上お勤めの人
(4)大学などで修得した技能などと密接に関連した職種に継続して2年以上勤務した人で、その職種と密接に関連した業種の事業をはじめる人
(5)すでに事業をはじめている場合は、事業開始時に(1)〜(4)のいずれかに該当した人

③自己資金の要件

事業開始前、または事業開始後で税務申告を終えていない場合は、創業時において創業資金総額の10分の1以上の自己資金が必要です。なお、事業に使用される予定のない資金はこの自己資金には含みません。ただし、次の要件に適合すれば、その自己資金要件を満たすものとします。

(1)②の(3)項、または(4)項に該当する人
(2)新商品の開発・生産、新しいサービスの開発・提供など、新規性が認められる人
(ア)技術・ノウハウなどに新規性が見られる人
(イ)経営革新計画の承認、新連携計画、農商工等連携事業計画または地域産業資源活用事業計画の認定を受けている人
(ウ)新商品・新役務の事業化に向けた研究・開発、試作販売を実施するため、商品の生

産や役務の提供に6カ月以上を要し、かつ3事業年度以内に収支の黒字化が見込める人

コラム⑪　あなたの「与信枠」は悲しいほど少額。だから……

融資で知りたいのは、「自分がいくら借りることができるか」ですね。

それは、金融機関側では「与信枠」で判断しています。あなたが思うほど金融機関は気前よくはありません。あなたが返済できると見込まれる金額しか貸しません。

それは、あなたの1年後の月商がいくらぐらいになっているのかによって決まります。その月商に相当する金額か、最大でその2、3カ月分ぐらいが関の山です。

「ミミッチイ」とお思いかもしれませんが、それぞれの立場がありますから仕方ありません。金融機関としては、まさかのときに「融資保全」で売掛金を差し押えたりして、融資の債権回収の安全性を考えているのです。あなたの経営者としての潜在能力を理解していないからといって、腹を立ててはいけません。

では、融資が受けられるか否か。

それは、あなたが借りたお金を「約定どおりに」返済できるか否かに掛かっています。ですか

ら、融資申請をして貸してもらえなかったら、その判断を尊重するしかありません。金融専門家が「貸せない」と言っているのですから、借りてはいけないのです。

多くの銀行融資に関する本では、「資金繰り表」を自分でつくる方法を解説しています。そのような複雑なことができるのなら、もっと以前にあなたは「成功」していたのではないでしょうか。

私は、貧しい一人起業の方が、融資を受けたいと訪問してこられたら、少しヒアリングをして、認定支援機関税理士ならではの「専用ソフト」に数値をぶち込んでみます。ものの5分もしないうちに「資金繰り表」がアウトプットされてきます。

それを見て、どうすればよいか判断すればよいのではありませんか。資金繰りの勉強なんかはじめたら、最低でも4年ほどかかるのではないでしょうか。

では、どうすればいいでしょうか。

考えてほしいのは、資金繰りの勉強ではなくて、あなたが自分でやれる範囲のビジネスをどうやって続けるかです。さらに、なぜそのビジネスでなければならないのかを自問してみましょう。

そうすれば、お金なしの一人起業でやれるビジネスには限りがあることが分かります。零細な一人起業に対して与信を与えるほど世の中は甘くないことを実感するはずです。

具体的な提案②　これから注目！　家政婦紹介所

家政婦の仕事はどうですか。お金がたまったら「家政婦紹介所」を起業するというのも1つの案です。

折しも政府は「国家戦略特区」内だけですが、「共働きで子育中の夫婦」などに向けた外国人の家政婦として、「メイドビザ（仮称）」を解禁することにしました。

香港では、昔から8万人ものフィリピン人女性がメイドさんとして働いています。日本で働きたいというメイドさんは、もっとたくさんいると思われます。

あなたはまず、時間限定の「家政婦」を自分でやってみればよいでしょう。そうすると、家政婦を雇う家族は家政婦の仕事の何が不満か、何をどうしてほしいかが分かってきます。

しめしめ！　もう事業のはじまりです。

まず、会社勤めなど現在の仕事を辞め、「雇用」から解放されます。次に事業を開始します。はじめは自分が家政婦となり、自分の労働力を事業として提供します。コツをつかんだら、外国人を雇い、時間単位の家政婦として紹介する「紹介事業」に移ります。

職業紹介事業は「許認可」だからダメだって？

最初から「ダメ、ダメ」と言っていては何もはじまりません。特定派遣業だって何だって、方法はいくらでも見つかりますよ！

３ 融資の申請書にある「運転資金」「設備資金」の知識

ここでは、普通の税理士では知らないような知識をお教えしましょう。

(1) 運転資金とは

運転資金とは、売掛金から買掛金を差し引いた残額と、棚卸しの金額の合計額をいいます。この運転資金は、企業が生きていくために常に必要な資金量で、銀行融資の考え方では、融資された資金の使途として、常に繰り返し必須と考えられる部分です。したがって、融資銀行としては、「運転資金は返済しなくてよい部分の金額」と考えています。

なお、売掛金とは、期末（年末）に納品をしたけれど、来期（来年）になってから集金できる請求額をいいます。買掛金とは、期末（年末）に納品がされたけれど、来期（来年）になってから支払うことになる取引先から受け取った請求額をいいます。

もう少し丁寧に解説しましょう。

運転資金＝①＋②－③

①は、売掛金と、受取手形の合計

②は、在庫の金額

③は、買掛金と、支払手形の合計

数学的な頭をもった人には、次のような回転期間による運転資金の計算が可能です。

運転資金＝①＋②－③

①は、平均月商×売掛金の回転期間

②は、平均月商×在庫回転期間

③は、平均月商×買掛金回転期間

運転資金がもっとほしいと思うようになるのは、次のようなときです。

(イ)売上が伸びたとき

(ロ)商品が在庫になっている期間が長くなったとき

(ハ)売上代金の回収が、なかなかできないようになったとき

(ニ)仕入代金を、仕入後すぐに払わなければならなくなったとき

設備資金とは、売上増強のために購入する設備などの資金をいいます。大型になってくると土地・建物なども必要になりますが、それは投資資金といわれるのが普通です。しかし、運転

資金に対しては、非運転資金という意味で資産負債の領域の経理区分に入ってくるものです。ちょっとむずかしくいえば「貸借対照表」の項目ということになるでしょう。

設備投資は通常、減価償却費として、投資額が費用に変わっていきます。お金の出費がないのに「減価償却費」という費用になるというわけです。

(2) 資金調達の腕前

このように、設備投資については、設備の償却期間と資金調達のズレが資金需要（資金不足）の発生につながります。つまり、その設備償却期間を計算に入れた資金調達のタイミングにズレが生じると、資金需要（資金不足）が発生して、銀行から資金を貸してもらえなくなります。つまり、資金ショートを起こすことになります。

運転資金は、損益に直接関わっている資金を指します。それは損益計算書という財務諸表を構成するものです。銀行員的にいうと、そのときの売上の増減、資金回収・支払いサイトの変動は、営業収支として把握します。

そして、その売掛回収と仕入原価の支払いの差額の資金調達ならびに売上より仕入原価のほうが多くなる赤字現象のような場合、資金調達局面において、その運転資金の期間的なズレが資金ショートにつながらないように、企業の財務運営をすることが資金調達の課題の1つです。

もう１つ、資金調達で資金ショートが発生する要因として、季節的（臨時的）な収支のズレがあります。例外的な売上の変動、夏期・年末ボーナスの支給による一時的な資金ショートが「季節資金のズレ」となります。資金調達の達人ならば注意を払っているものです。

あなたも起業して事業が大型化したら、そのような心配をすることになりますね。そこであなたの資金調達の腕前が試されます。そのときが待ち遠しいですね。

コラム⑫ 運転資金の種類と返済原資

ちょっとした企業になると、「銀行融資」のうち、返済しなくてよい、いわば「塩漬け」融資の部分ができます。金利を払って銀行と上手に付き合って企業経営をするということになります。つまり、運転資金が経常運転資金になるということです。

企業として調子がよくなると、「売上増に伴う仕入資金」がショートします。これは増加運転資金としての資金不足です。返済の原資は売掛回収の代金です。

さらに運転資金にどういうものがあるかというと、次のようなものがあります。(ホ)を除き、すべて運転資金です。

(イ) 季節資金――売上が季節で変化するときに対応する資金ショート

(ロ)決算資金―配当や決算賞与のための資金
(ハ)賞与資金―夏・冬の賞与時に対応する資金
(ニ)納税資金―納税に対応する資金。なお企業の消費税支払いは、預り消費税を国に払い戻すという性質があるので、納税資金では手当しません。
(ホ)赤字補塡―赤字のために発生する資金ショートは、運転資金とはいいません。「赤字補塡資金」です。銀行では必ず本店決済の融資稟議になります。

④ 事業計画とは

銀行融資と関係なしに、「起業」「創業」を考えると、本来、事業の成功のためには、どうしても次の財務諸表(ニは会社の場合だけ)に沿った、短期(向こう数カ月から1年)、および中長期(3～5年)の予算書が必要です。

(イ)貸借対照表(B/S)
(ロ)損益計算書(P/L)
(ハ)キャッシュフロー計算書(C/S)

す。

㈡ 株主資本等変動計算書（S／S）

大変だと思うかもしれませんが、昨今の会計ソフトでは簡単にそのような予算書がつくれます。

まして無料支援を公言する認定支援機関税理士らにコンタクトすれば、事業計画ソフトを装備しているはずです。その事業計画ソフトを使えば、特に「一人起業」の方の計画書など、いくつか質問される条件を入力すれば、簡単にできあがります。

蛇足ですが、事業計画ソフトは特殊なソフトです。業界的にも金融機関の要請に応えるソフトはこれしかないという類のもので、認定支援機関税理士らが装備しているものです。

事業計画に関する実務化のアドバイスとしては、財務諸表を検証しながら、あなたの起業が、資金的に成り立つためにはどうしなければならないかを研究するほうが、はるかに重要です。書類をつくるために体力を消耗するのは、お勧めできません。エクセルでは数値が多岐に波及するため、専門ソフトでないと無駄な労力を浪費することになります。

問題は、策定した事業計画が、資金繰上げも持続可能なものにするためにはどうすればよいかです。それは、いくら小規模な起業といっても、個々の計画により異なりますので、何時間でもその起業家と話し合うべき論点です。

ただ、政府の国民に対するアナウンスとして、中小企業に公的資金による創業融資をする際、融資申請の書類がむずかしすぎて書けないのが実情です。そのため、金融機関は遠慮して、小規模事業者の融資申請に関しては、「損益見積もりだけでよいですよ」と言っているのです。

その創業融資申請による資金の流れは、銀行の融資係がつくらされる羽目になっているのです。

そうはいっても、売上が現金売上であればよいですが、掛売りだといつ回収になるのか、仕入は現金仕入なのか、掛け仕入なのか、掛け仕入ならいつ払うのかなど、損益計算だけでは、資金の流れはつかめませんので、融資申請をした「起業家」に聞いてみないとわかりません。

このお金の流れに関する予算の報告書が、キャッシュフロー予算の計算書です。実態として、この計算書なしでは起業の継続性を占うことはできません。

コラム⑬　売上に掛かる本当の構造

(1) 売上の構造

売上は、数量×単価で決まります。

床屋さんなら、コース別の料金×来客数のうち、そのコースを選ぶ予測客数です。

おにぎり屋さんなら、おにぎりの種類ごとの単価×来客数のうち、その種類を選ぶ予測客数です。

しかし、本当の論点はこのような算数ではなく、その来客をどう増やすかという営業戦略の問題です。お金がない「一人起業」のみなさんは、インターネットに頼るのがいいと思います。しかし、インターネットのホームページというのは、なかなか「くせ者」です。ホームページへ誘導する広告をしないと誰も「来店」しない代物なのです。

ですから、美容院なら何らかの紙媒体に宣伝広告を載せたり、化粧品屋さんなら営業部員に対するリベート戦術を展開したり、いろいろ方法はあります。その店、その事業主ごとに独自の販売促進策を検討されるとよいと思います。

(2) 労務費の構造

あなたの事業には、人材として何人必要でしょうか。

中には「パシリ」人材で、最低賃金で雇う場合もあると思います。しかし、頭を使って考えるべきは、売上を伸ばすために必要な「人材」のことです。

事業計画ソフトの内容のうち労務費は、単価×人数×月数です。

しかし、事業計画ソフトに振り回されてはなりません。お金のない「一人起業」の人が、「何人の要員がいるだろうか」と計算するのは、大企業病に感染しているようなものです。

一部の大企業のように、何人採用してもすぐに辞めてしまい、人を数としか見ない組織……。

そんな組織とあなたの組織は全然違います。人の働きは、その人によって違います。だから「人数」ではなく「固有名詞」のある人間として、「三顧の礼」で迎える人材探しを常に心掛けてください。さもなければ、人は雇わず、自分で処理する。そういう人が、一人起業で成功するのです。

(3) 経費の構造

お金がなければ、お金を使わないで「一人起業」すればよいのです。

公的融資が受けられないような「設備投資」が前提の起業ならば、お金がもうかってから設備投資すればよいでしょう。経費の使い方も、たとえば、自宅兼用にすればいいのです。

大企業のように「財務部」があなたの経費を賄ってくれるような話はどこにもありません。起業の方針として「身の丈」の経営を、いつも初心に戻って考えるようにしましょう。

5 公的融資の申請

一人起業する方で、融資が必要な人は、4人に1人程度と思われます。大半は「融資不要」

で起業されているようです。そのほうが健全だと思います。

ただ、公的融資がどうしても必要だと思っている人には、事業計画書を含めて融資向けに整えた書類作成が必要です。その作成書類のコツをお教えしましょう。

私も金融庁認定支援機関*（起業支援）の税理士のひとりです。ですから、無料相談に応じる義務があると思っています。それでも心配なら、無料であることを念押しした上で、相談してみてください。きっと何かヒントを差し上げることができると思います。

お金なしの一人起業の場合で、公的融資を受けたいときの最適な窓口としては、「都道府県（市区町村）」の保証協会の保証付きの公的融資制度があります（第2章第5項参照）。

＊認定支援機関：経済産業省（中小企業庁所管）および財務省（金融庁所管）による一種の国家資格。本人の専門性とその実績などを書類審査して登録され、公的機関として位置付けられた経営革新などの支援の専門家のことです。税理士だけでも2014年現在で2万人前後の人が登録されています。あらかじめ登録した起業支援、事業計画など、おのおの得意な特化領域で支援する。

①創業時に利用できる公的融資制度「新規開業資金」

創業時に利用できる公的融資制度として、日本政策金融公庫の「新規開業資金」をご紹介します（内容は2014年11月末現在）。

新規開業資金は、新たに事業をはじめる人、または事業開始後おおむね7年以内の人ですが、申請受付の条件を1つひとつ見ていきましょう。

1．利用できる人——次のいずれかに該当する人です（審査あり）。

(1) 勤続6年基準

現在勤務する企業と同じ業種の事業をはじめる人で、次のいずれかに該当する人

(イ) 現在勤務する企業に継続して6年以上勤務している人

(ロ) 現在勤務する企業と同じ業種に通算して6年以上勤務している人

(2) 業務経験

大学などで修得した技能などと密接に関連した職種に継続して2年以上勤務している人で、その職種と密接に関連した業種の事業をはじめる人

(3) 業務上の工夫

技術やサービスなどに工夫を加え多様なニーズに対応する事業をはじめる人

(4) 雇用創出——雇用を伴う事業をはじめる人

2．資金の使い道

⑴運転資金

融資額は4800万円まで。返済は5年以内（特例7年以内、据置期間は原則6カ月以内）、金利は「特利A」（【備考】参照）

⑵設備資金

運転資金と合わせて7200万円以内。返済は15年以内（特例20年以内、据置期間は原則3年以内）、金利は「特利A」または「特利C」（【備考】参照）

3．担保・保証人

窓口で個別相談

4．無保証・無担保

新規開業資金は、3000万円以内（うち運転資金1500万円以内）

②創業時に利用できる公的融資制度「女性等の起業家資金」

創業時に利用できる公的融資制度として、日本政策金融公庫の「女性、若者・シニア起業家資金」をご紹介します（内容は2014年11月末現在）。

女性、30歳未満の人（若者）、または55歳以上の人（シニア）が対象です。

【備考】新規開業資金（無担保・無保証人）の利率

日本政策金融公庫の金利は平成27年4月1日現在、次の規則が設けられています。各区分の金利差は借入年数によるものです。

金利区分等	条件	金利（年利）
基準利率	以下の特利に該当しない場合の金利は、この基準利率によります。	2.30～2.90％
特利A	独立行政法人中小企業基盤整備機構が出資する投資事業有限責任組合から出資（転換社債、新株引受権付社債、新株予約権および新株予約権付社債等を含む）を受けた方。	1.90～2.50％
特利B	認定商店街活性化事業計画を作成した商店街振興組合等が運営する商店街の空き店舗において事業を行う方。	1.65～2.25％
特利C	生活衛生業（理・美容業、クリーニング業、旅館業、浴場業、飲食業）の事業主で、特定の同業組合に加盟している方。	1.40～2.00％
特利E	一般公衆浴場開業のため、省力化設備を導入する方。	0.90～1.50％
特例	東日本大震災の影響により離職し創業する人、または被災地において創業する人の特例があります。	細則があります。

1. 利用できる人――次のいずれも満たす人（審査あり）
(イ)女性（年齢不問）、または30歳未満（若者）か55歳以上（シニア）の人
(ロ)新たに事業をはじめる人または事業開始後おおむね7年以内の人

2. 資金の使い道――次のいずれかの資金
(イ)新たに事業をはじめるための資金
(ロ)事業開始後に必要とする資金

3. 融資額――7200万円以内（うち運転資金4800万円以内）

4. 返済期間
①運転資金――5年以内（特例7年以内、据置期間は原則1年以内）
②設備資金――15年以内（特例20年以内、据置期間は原則2年以内）

5. 利率（年）
①運転資金および設備資金（土地取得資金を除きます）「特利A」
②技術・ノウハウなどに新規性がある設備資金（土地取得資金を除く）「特利C」
挑戦支援資本強化特例制度（資本性ローン）の相談可
③土地取得資金――「基準利率」
使い道、返済期間、担保の有無などにより異なる利率が適用されます。

6．担保・保証人

個別相談

7．新創業融資制度の適用

無保証・無担保融資――3000万円以内（うち運転資金1500万円以内）の相談可

＊【備考】「①創業時に利用できる公的融資制度『新規開業資金』」の備考欄参照

③再チャレンジ資金

廃業歴などのある人でも利用できる公的融資制度として、日本政策金融公庫の「再チャレンジ支援融資（再挑戦支援資金）」をご紹介します（2014年11月末現在）。

1．利用できる人――新たに事業をはじめる人、または事業開始後おおむね7年以内の人で、次のすべてに該当する人（審査あり）

(1) 廃業歴などのある人

(2) 廃業時の負債が新たな事業に影響を与えない程度に整理される見込みなどがある人

(3) 廃業の理由・事情がやむを得ないものである人

（無許可営業の摘発など違法行為による廃業は除きます）

2．資金の使い道――新たに事業をはじめるため、または事業開始後に必要とする資金

3．融資額――7200万円以内（うち運転資金4800万円）

4．利息（年）（注：返済期間、担保の有無などによって異なる利率が適用）

(イ)女性または30歳未満か55歳以上の人

運転資金および設備資金（土地取得資金を除きます）「特利A」

(ロ)技術・ノウハウなどに新規性が見られる方

設備資金（土地取得資金を除きます）「特利C」

(ハ)運転資金および土地取得資金「基準利率」

5．返済期間

設備資金――15年以内（特例20年以内、据置期間は3年以内）

運転資金――5年以内（特例7年以内、据置期間は1年以内）

6．担保・保証人――契約時に相談

7．新創業融資制度の適用

無担保・無保証人での融資相談が可能

限度は3000万円以内（うち運転資金1500万円以内）

＊【備考】「①創業時に利用できる公的融資制度『新規開業資金』」の備考欄参照

第5章

一人起業の成功と失敗から学ぶケーススタディー

1 飲食業のボチボチ成功事例

倒産せずにボチボチやっている中華料理屋さん、許公徳さん（50歳、仮名）は、上海料理店を渡り歩き、合わせて15年ほどの勤務経験がありました。２００９年10月に、一族の華僑から３００万円を借りて、合同会社上海（仮名）を設立。東京江東区に居抜きの賃貸物件（1カ月の売上は約50万円、面積5坪、席数7、家賃は月8万円）を知合いのあっせんにより３００万円で譲ってもらい、広東料理店を開きました。譲ってくれた知人の王賢龍さん（仮名）は入国管理法違反で強制退去になるため、しばらくの間（5〜10年）、店の面倒を見てくれる人を探して、許さんとの賃貸契約が成立しました。

会社設立では、王さんの会社の資産負債（債務超過２００万円、会社評価はゼロ）を居抜き一式として買ったことになります。「居抜き」とは、同業種や他業種などが撤退した店舗跡地を利用して出店することです。すでにある設備を利用できるので初期費用を抑えるメリットがあります。借金を引き継がない契約で、居抜きの時価と営業利益3年分ほどの合計で、３００万円という買値を出し契約が成立しました。極小規模の変則のＭ＆Ａともいえる店舗の引継ぎです。

パートさんもそのまま、いままでと同じ月給20万円で引き継ぎました。

そのようにして譲り受けたその日から、営業は以前と同じ状態で行うことになりました。表向きに変わったのは「主」だけです。忙しいときは、新社長・許さんの奥さんが手伝うという話になりました。

そうこうしているうちに、はや6年。許さんは何とか店を切り盛りしています。会社勤めをしている25歳になった長男・建さん（仮名）の助けを借りて、インターネットで店舗PRをしました。日替りメニューをスキャナーで取り込み、料理の画像を掲載しています。サービスランチなどの画像とネットのドメイン名を印刷したチラシを来店客に配りはじめて、お店の認知度はごく周辺の地域だけ（おそらく半径２００メートル程度）に限られますが、リピート客が多く訪れる状態になっています。

売上は、6年が過ぎても月70万円弱程度で、あまり進歩はありませんが、倒産せずにボチボチの経営が続いています。奥さんとの関係も、ここ数年で相当に改善したということです。よかった、よかった。

Comment

飲食業は、どの業種もおおむね仕入35パーセント以下、粗利65パーセント以上が大原則の業界です。

飲食業は、平成24年後半から回復の兆しが見え、再び増加傾向にあります。しかし、少子高齢化の影響で、長期的に見ると縮小傾向です。中堅大手の話をすれば、業界内では企業間の競争が激化し、新規参入も相次ぎ、各社生き残りをかけた戦略を模索中です。新規参入を含め、飲食各社混戦の大競争時代へと突入しています。

◆業界の業種別統計

大手を含みますが、業界の売上構成と平成25年度の対前年伸率を見てみましょう。売上規模は参考になりませんが、あなたがやりたい飲食業の業態（料理内容）の社会での位置が分かります。

なお惣菜販売業は、一人起業としては入りやすい仕事です。惣菜の種類では、鶏の唐揚げ、コロッケ、野菜サラダ、野菜の煮物、野菜の天ぷら、いかの天ぷら、焼き鳥、炊き込みごはん、ポテトサラダ、豚カツ、キンピラ、うの花、ひじきの煮物などがあります。

主婦経験者は「自分の得意」を生かせる独自の食材と味を出せます。デパ地下、ホテイチ（ホテル1階）など大々的な起業を想定せず、こぢんまりした起業が可能です。また軒下を改造して売り場をつくることもできますし起業しやすい仕事です。参考までに資料を提示しておきます。

〔資料〕業界の業種別売上構成

料理内容	年商（千億円）	対前年売上増加率	売上構成比
食堂・レストラン	91	＋2.8%	37.9%
そば・うどん店	11	＋7.1%	4.8%
すし店	14	＋5.5%	5.6%
その他飲食店	13	△1.3%	5.4%
弁当デリバリー店	5	＋0.0%	2.2%
喫茶店	11	＋4.0%	4.4%
居酒屋	10	＋3.2%	4.2%
料亭	3	＋4.1%	1.4%
外食産業全体	299	＋2.4%	100%
（惣菜販売店）	60	＋0.5%	—

出典：一般社団法人日本フードサービス協会・公益財団法人食の安全・安心財団
（平成26年6月資料）

飲食業の仕入を除いた粗利から、一番金額が大きい人件費が支払われますので、粗利が低いと人を雇えません。一人起業だから当初はすべて自分の労働で賄うとしても、2年もすれば疲れ果てる場合が多いです。それでは何のための独立か分からなくなります。

勘所は「仕入」です。売上に対して、食材はどの程度が限界かというと、健全な経営には35パーセントが限界です。できればバーやスナック並みの15パーセントとはいいませんが、25～30パーセントに抑えることができれば、経営としては倒産しない体質ができあがります。

ちなみに、そば屋さんのそばの原価率は15パーセント程度といわれています。居酒屋も工夫次第で、25パーセント程度に抑えることができる可能性が高いと思います。

一人起業で開店する小カウンターの居酒屋では、あなたの接客が付加価値となります。つまり、お客様にお出する品物は、工夫次第で売上請求額の25パーセントに抑えることができると思います。たとえば、あなたしか出せない田舎の味で、酢飯も化学調味料もなしにつくった特別な「おにぎり」をお出しして、数百円頂ければ、このおにぎりメニューに限っては、原価15パーセントが達成できます。

◆飲食業で数字感覚

飲食業の小規模起業で成功を前提とした「数値」や経営感覚は次のとおりです。

1．開店までに考える数値感覚

①企画から開店までの日数は、3カ月＋（店舗坪数×1日）

②投資金額は、年商の3分の2

③自己資金は、最低50パーセント用意する

たとえば、居抜きの買取額は自己資金で賄うのが望ましい

④デザイン設計費は、施工費の10～12パーセントが目安

⑤ホール面積は、キッチンの2倍

席数は、店舗総坪数×13

⑥店舗や厨房システムの設計は、最大売上時に合わせる

⑦1坪当たり月商は、10～20万円
⑧FLコスト（原価（Food）＋人件費（Labor））の合計は、55パーセント
⑨営業利益は、年商の20パーセント
⑩客単価は、昼：夜＝1：2

2．経費
⑪家賃は、予測年商×5～8パーセント

3．従業員
⑫人材募集は、開業の30日前
⑬従業員給与は、（年齢×10万円）÷12カ月
⑭従業員数は、席数10席に1人
⑮従業員の年齢層（コミュニケーションができる限界層）
下限（これ以下は不奨）：（あなたの年齢÷2倍）＋8歳
上限（これ以上は不奨）：（あなたの年齢－8歳）×2倍

4．メニュー

⑯メニュー：価格レンジは、最低価格の2～5倍

⑰看板商品：3人に1人が注文するよう調整する

⑱メニューブックのサイズ：4人掛けテーブルの4分の1以内

⑲メニュー構成：

最人気A群は、売上の75パーセントを占めるメニューとする

戦略B群は、A群の次にあって、売上95パーセント内に収まるメニュー

死筋C群は、B群の次にあって、売上95パーセント外に外れるメニュー

⑳原価率　売上の30パーセント以内

全体のバランスを取るよう調整する

5．食器、制服、備品

㉑売れ筋料理の食器数：席数の1・5倍

一般的な食器：席数の2分の1

まれなメニュー用食器：席数の3分の1

㉒取り皿：席数×3倍

㉓食器予算：客単価×席数×１・５倍

㉔制服の予算：＠１万円

6．椅子、テーブル

㉕テーブルの広さ：１人当たりの幅60〜65㎝

㉖椅子からテーブル下面までの高さ：20〜25㎝

㉗通路の幅：70〜80㎝

ワゴンサービス向け：90㎝

7．照明、温度、エアコン

㉘ダイニングバーの照明：１２０〜１３０ルクス

㉙客席の適温：夏23℃、冬は25℃

㉚エアコンの空調能力：通常の３パーセント高めのもの

8．トイレ、駐車場

㉛トイレの数：客席40席に対して、男女各1室

㉜駐車場の収容台：カウンター席数＋テーブル数
㉝駐車場の面積：車1台7坪

9．看板
㉞看板：150m先からでもひと目で分かること
　POP広告（10m周辺）：販売現場での広告は日替わりでやる

10．消費者心理（不満を言う人は「リピート客」。悪評はすぐ10人に伝わる）
㉟顧客の意見収集：アンケートで感想収集。「お客様は神様です」姿勢は社長が模範
㊱配膳：ランチタイムには、10分以内

②マッサージ業の一人起業

◉マッサージ業は、借金しなければつぶれない！

田口栄子さん（63歳、仮名）は、ずっと夫（77歳）と横浜で賃貸アパートを借りて暮らしていました。しかし、数年前にその夫が病気で亡くなりました。経済的には遺産もなく、年金はあ

るものの、自分も夫と同じように病気になったら困ると、不安が募りました。

もともと栄子さんは、マッサージ治療院で長くパートとして働き、家計を支えてきましたが、このころはパート先のお店も景気が悪く、働かせてもらう時間がだんだん少なくなっていました。

あるとき、お得意さんが自宅で開業してはどうかとアドバイスしてくれました。しかし、長年住み慣れた地域の自宅で開業するのはどうも気が引けました。近所の目もあります。そのため、川崎にいる姉（67歳）に相談してみました。

すると、生活もひっ迫していることもあり、思い切って姉の近くに引っ越して、その自宅で「マッサージの内職」をする案を思いつきました。といっても、まったく自営のめどが立たないので、いままでどおり、横浜のマッサージ治療院でパートとして働きながら、土日だけの営業をしようと考えました。何とか家計を補える程度でいい、という思いからはじめたことでした。

開業してすでに1年半ほどがたちました。

引っ越した自宅が本店です。地元の地域に限定して新聞折り込みができることが分かったので、姉の助けを借りて、「訪問マッサージ『ゴージャス手もみ』（仮名）」のチラシをまいています。チラシには、携帯電話の番号を入れました。営業は細々としたものですが、ほとんど経費が掛かりませんので、倒産の心配はありません。

何とかお得意さんもできるようになりました。生活の足しになるし、このまま続けていけば、ひょっとして「マッサージ事業」として独立した仕事になるかもしれないという期待で、田口栄子さんは近ごろ、元気が出てきました。うーん、よかった。

Comment

使える資金がない状態で一人起業を考えたとき、2つのタイプの人がいると思います。1つは、いますぐには生活資産が破綻しないので「それだけはやりたくない」と思う人。もう1つは、生活の危機に迫られ、「何だってやらないと食べていけない」と思う人です。たとえば、裕福だった夫が急に破産して離婚を迫られ、幼い子どもを抱えて生活費がもらえない状態だったら、「何だってやる」という感じになるでしょう。

生活の危機に迫られた人には、生活保護を受けるつもりでやる仕事（仮に「一時生活保護」と呼びます）を提案いたします。

たとえば、「マッサージ業」には資格が不要ですので、プライドさえ傷つかなければ、比較的簡単にやれる仕事です。アルバイトで雑役作業などをするよりは、たとえ技能のない人でも技能がつくというメリットがあり、将来的な展望が開けます。職安に行って『マッサージ業者への就職希望』というのも、求職の選択肢の1つです。しかし、運悪く、その求人に縁がない場合でも、友人などのつてを頼って、すでに開業している「マッサージ治療院」で見習いをさせてもらうなど、やり方はあると思います。

ただそのような場合、事業所によっては、社会保険のコンプライアンスが十分でないかもしれません。院長さんは親切であなたを「見習い」として受け入れてくれたのに、その院長さんに対し「社会保険に加入しないのは違法だ」と主張したらどうでしょうか。

普通に考えれば「余計なお世話」だと思います。そのときの雇用の状況によっては、将来につながる「見習い」であると腹をくくって、社会保険などを我慢することも必要かと思います。

3 ネット通販で絶対つぶれない成功事例

◉急増するインターネット「一人通販の勘所」

東京足立区のアパートで一人暮らしをする高野裕一郎さん（28歳、仮名）は、数年前に、3年ほど勤めた喫茶店を、店長さんとのけんか別れで辞めました。その後、就活をしましたが、「履歴がよくない」（本人の弁）などの理由で、気に入った働き口は見つかりませんでした。

そこで高野さんは、思いつきでインターネット通販でもやろうと考えました。退職時のもち金は30万円ほどしかなく、ネット検索で〔決算.net〕を見て、私を訪ねてきました。

高野さんいわく「会社をつくりたい」というわけです。

事情を聞いて、「まあそのように急がず、必ず成功する対策を講じませんか」と言って、私が提案したのが「大人のおもちゃ」でした。

ただ、この商売の仕入は「インターネットで注文を取ってからの後払い」というわけにはいきません。しかし、「通常の店」では買いにくい商品で、根強い人気があることが分かっています。

聞いてみると、高野さんは「ホームページは自分でつくれる」と言います。私は、「商売をはじめる投資資金はないので、自宅を本店にして、ホームページ制作費の節約のためにサイトは自分でつくってやりなさい」と勧めました。

高野さんは、それに同意して、さらに「女性専用」に絞って開業の準備をはじめました。研究の結果、無店舗型性風俗特殊営業2号届出も出す必要があると分かったので、苦労して書類を完成させ、届出許可を取りました。

ただ、ホームページをつくっても誰も見てくれません。しかし、リスティング広告をするお金はありません。できることは、自分でSEO対策（検索エンジン最適化）をするだけです。やむを得ないことです。

高野さんは、夜はホテルでの皿洗いのパートをしながら、食べていけるだけの日銭を稼ぎながら、3カ月かけて自前のホームページをつくりました。

商品は、3種類に絞り、おのおの1点だけを専門店から買って、ホームページに手持ちのデジカメで写真をとり、それを掲載しました。1点が売れたら、手持ちのものを売って、すぐに電車で販売店まで行き、同じ品物を仕入れ、それをまた売る、という方式です。

それでも思うように売れないため、高野さんは半年ほどかけてホームページの改装を重ねました。その間、高野さんは相変わらず、夜のホテルで皿洗いのパートを続けました。「よく続いたものだ」と、高野さんは後で振り返って言っています。

7カ月目にやっと1点が売れました。

ただ1点が売れたからといって、生活費が稼げるような金額ではありません。発送費も手前持ちのサービスをしています。届け方も工夫します。相手に届いたときに、ほかの人が見ても分からないように注意します。そのような苦労をしても、もうけは数千円だけ。

でも高野さんは諦めませんでした。さらに頻繁にホームページの改装を重ね、キャッチコピーも研究しました。本屋さんでタダ読みし、いままで行ったこともない国会図書館へ行って本の探し方から教わり、一生懸命に研究しました。「一発で相手の心をつかむコピー」などの研究です。

すでに2年がたち、最近は少し売れはじめましたが、商売になるのはまだ先のことのようです。しかし、高野さんは私に、「夢ができました」と言います。「自分がやりたいことが何か見つかったような気がする」ということです。まだホテルでの皿洗いは続いていますが、何とかなる日が近づいているような気がします。

Comment

通信販売業は、特定商取引法に抵触しないように営業することが必要です。ちなみに、通信販売業とは、販売業者（物品販売）または役務提供事業者（役務サービス）が、郵便等により売買契約または役務提供契約の申込みを受けて行う商品、もしくは指定権利の販売または役務の提供です（特定商取引法）。なお、郵便等とは、郵便、電話、ファクシミリ、電報、郵便為替、銀行振込などです。

通信販売は無店舗販売であるところから、店舗開設に関わる初期投資費用や、事業開始による家賃の発生はなく、実在店舗のように販売地域を地理的に制限されることもありません。また、在庫についても、販売後に仕入をする商品提供業者が数多く存在します。そのため、不要な在庫を抱え込まずに事業が運営できます。

まず開業1カ月以内に「個人事業の開業・廃業等届出書」を税務署に出す必要があります（青色申告申請は開業2カ月以内）ので、ついでに開業したらすぐ、提出期限のあるものが多い「個人事業開設届一式書類」を提出して、書類控え（写し）に収受印をもらって保存してください。

開業したからといって、いまの仕事を辞める必要はありませんし、子どもの預け場所を急いで探す必要もありません。「もっぱら個人事業に専念せよ」と、全面的に開業を強制する規則にはなっていません。実際問題としても開店休業はあり得ます。

社会保険関係は、従業員を雇用していない段階では、役所への提出書類はありません（健康保険・厚生年金保険新規適用届の届け出は任意適用申請書を含め、雇用の事実発生から5日以内）。

ですから、「二足のワラジ」、つまりいまの生活・経済活動を維持したまま個人事業をはじめるという生活形態は、とりあえずそのときの経済環境を維持できますので、むしろ望ましいと思います。

個人事業の申告は、翌年3月の確定申告時期に行うわけですので、それに合わせた事業計画を想定して、適法に動けばいいでしょう。

④ 中古宝飾業の成功事例

◉ボチボチもうかる中古宝飾業の起こし方

秋田尚美さん（48歳、仮名）は、東京の某セレブ女子大を卒業後、実家で家事手伝いののち自営業の夫と結婚して、12歳と8歳の子ども2人の子育てのため専業主婦をしていました。しかし、昨年、夫の事業が貸倒に遭《あ》い、銀行からの融資返済も滞り、倒産の危機に瀕しています。

尚美さんは困り果てて、中古宝飾店を経営している中国人と結婚している友人の劉さんに相談しました。

中古宝飾店は古物商として許認可業務なので、劉さんのアドバイスで、まず尚美さんは劉さんの会社の従業員として在籍して、成果報酬の歩合制で仕事を覚えることになりました。

早速、劉さんの同伴者として同業者の会員証をつけて、中古品の仕入現場へ入れてもらい、劉さんの仕入作業を見学しました。

尚美さんは、元セレブですから「宝飾類」の目利きは確かです。中古品のオークション出品の中から、「これはいける」と感じたものが何点かありました。でも「あれあれ」と思っているうちに、お目当ての商品は、オークション出席者に買われてしまいました。

しかし、尚美さんは、手応えを感じました。「あのブランド宝石なら、友だちが買ってくれるかも」と、劉さんと相談しました。劉さんは「商売の仕方として、仕入は一流ブランド物に限るほうがいい。それと、あなたが友だちに売る値段を一般小売店の半額以下にすれば、友だちをだますことにはならないし、かえって喜ばれる」とアドバイスしてくれました。ちなみに、その宝飾品の値段は4万余円でした。一流ブランドのブレスレットで、品番から市価は30万円ということが分かりました。

しばらくして尚美さんは、劉さんと仕入現場に行くとき、親から借りた50万円の現金をもっていきました。そして中古オークション会場で「一流ブランドの高級スカーフ」を2万円で手に入れました。市価は16万円です。

その日、会社に戻った尚美さんは早速、セレブの友人に電話しました。尚美さんがセンスがあると分かっていたそのセレブの友人は、「16万円の品物が8万円で買える」と聞いて、二つ返事で買うと約束してくれました。

尚美さんはこの日だけで、8万円と手数料の5万円の差額3万円を手にすることができたのです。

その後、尚美さんは商売がうまくいくことを確信して、実家の母親に相談しました。実家の居宅の一部を無料で間借りして、店舗を開きたいという相談です。母親は、娘の熱意に負けて渋々ながら応諾して、地元の警察署の要求するような店舗体裁に補修し、契約書を添えて、6カ月後に警察署の許認可を取ることに成功しました。おめでとうございます。

Comment

古物商という許認可事業で、「中古宝石商」が営めます。面倒がらずに対応すれば、自分で最寄りの警察署へ行って、申請書を出すことができます。

警察署では、いわゆる「盗品」が市場に出回るのを警戒していて、いつでも警官の立ち寄りや立ち入り検査ができる店舗体制を要求しています。ですから、賃貸借契約物件が決まりそうなときは、事前に警察署へ行って、申請案内として係官から注意点を聞いておくとよいでしょう。「賃貸借契約」をするのはその後にしてください。賃貸借契約の物件が、不合格といわれる場合があるからです。

中古宝石といっても、中古のブランド物ハンドバッグや洋服、スカーフ、靴などのオークションもあります。一人起業を立ち上げるときには、「宝石」と限定せず「宝飾」とすれば、商売が広がると思います。

問題はやはり「顧客」を探すことです。価格はおおむね市価の15～20パーセント程度ですから、お金のある友だちであれば、興味をもってもらえるでしょう。遠方の方でも、ネット上に写真や明細を載せて説明すれば見てもらえます。ネット情報がなくても、友だち同士の信頼関係で買ってもらえるかもしれません。

そんな裕福な友だちがいなければ、インターネット販売をすることになります。この場合、インターネット通販のためには会社名義の出店が必要なので、古物商の許認可は、会社を設立してからにしましょう。

外国人が日本で小規模な会社を経営する場合も、外務省（住所地の地方入国管理局）が発給する「投資経営ビザ」が必要となっています。2015年中には、国家戦略特区内に限り、資本金500万円基準が即金ではなく2年ほど猶予される見込みです。ですから、たとえば、中国からの留学生が卒業して、投資経営資金がなくても、会社をつくって申請すれば何とかなる可能性があります（事前にご相談ください。ネット検索例：〔投資経営 .jp〕）。

ビザの関係のない日本人では、古物商の許認可を取ればすぐに開業は可能です。

5 一人起業で成功する茶道教授

◉94歳の茶道教授

香坂好子先生（仮名）は、ずっとひとりで茶道教室をやりながら、茶道を研究してこられました。先生と私とのお付き合いは、30数年もの間続いており、その間、個人の青色申告をさせていただいています。

香坂先生は、若いときに京都で茶道を学びました。東京に帰ってからも、「茶道が好きなのでみなさんにお教えしたい」と思い、茶道教室を開きました。先代の家元から遺言ともいえる茶道極意の書き付けをいただいた香坂先生。お弟子さんが言うには、香坂先生の伝授する極意には「本物」を感じるそうです。

私との出会いは、税務署でした。私が税理士会からの派遣相談員として納税者の申告相談を受けていたときに先生が現れたのです。先生の美貌は周りにオーラを漂わせ、「うわー」と息をのみました。以来ずっとお付き合いがあります。

長いお付き合いで分かったことは、茶道の極意さながらに生きていらっしゃる先生の生活は、一貫して質素そのものということです。毎月賃貸住宅の家賃をお支払いしていますが、ほとんどお金に執着がありません。もっとも、お元気だったこともあり、いままであまりお金に窮したことはありませんでした。

経理の領収書なども、週刊誌に日付順で貼りつけてくださっています。確定申告の内容は、失礼ながら大した額ではありません。しかし、感心するのは、家計簿のような現金出納帳を欠かさず記帳されているのです。その筆跡がまた、ほれぼれします。茶道を通じた高度な文化を感じる文字は、経理処理に当たる若い者には読みづらいことがあるようですが、先生はただ淡々とメモを書き込んでいるだけで、何の気負いもありません。

お金に執着しない生き方、茶道の極意の習得、何気ない文章や文字の気高さ。オーラが漂っていた若き日の香坂先生より、94歳の現在の香坂先生のほうがずっと美人です。その生活態度や学識経験に憧れて30余年です。

Comment

一般論として茶道教授は、家元となって金銭的に羽振りのいい人生を目指すのもよいのですが、家元となれる確率はごくわずかです。それなら家元という地位を狙うより、ひとりの茶道教授という役回りで、仕事を愛し、仕事の極意を探る生き方のほうがより幸せではないかと思います。

私は、上下関係の「職位・地位」を狙う仕事環境を探すより、何とかずっと続けられる経済環境を自らつくりだす「起業」を考えるのも1つの立派な生き方だと思います。

「自分は何が好きなのか」と、ゆっくりでよいですから考えてみましょう。人生は長いのです。医学の発達や生活環境の変化で、今後は90歳現役の時代に入っていきます。70歳で「もう年だから」などと言っていられない経済環境の変化もあります。ぜひ生涯現役で楽しむ仕事を見つけませんか。

何か1つ好きな仕事が見つかると、それを思い続けていけば、あまり「お金、お金」と言わなくても、何とかなる可能性があります。「自分は営業ができないからお勤めしかない」と案ずるより、産むがやすしです。

そして運よく好きな仕事が見つかったら、インターネットで検索して起業に関する「無料サービス」を探して、自立するにはどのような手続きが必要か、何をしなければいけないのかを調べてみてください。

次に「カネなし」でやる方法を探りましょう。そして無料の政府支援で「セーフティー・ネット」として提供されている教育や融資を調べます。さらに民間で提供している無料サービスをネットサーフィンして調べます。いろいろ情報が収集できますよ。

⑥ 大成功の「在宅勤務」

◉クラウド会計の仕組みを利用した経理記帳

「在宅勤務」の仕事として、経理事務の仕事は抜群に相性がいいといえます。

これからは、クラウド会計の仕組みを利用した経理記帳が在宅勤務の仕事として注目されます。この仕事では、お客様とどのようなやりとりになるのか、事例を見てみましょう。

たとえば、税理士事務所（山本君）はお客様（豊田社長）の社長秘書（原真弓さん、経理はまったく素人）と、現金出納帳を開いた状態で、次のようなやりとりをします。

山本　原さん、いまから現金出納帳に交通費の出費を記録する経理仕訳をします。次の手順でやってみてください。

①カーソルが動いている日付欄に「261213」（平成26年12月13日）と入力してください。
②勘定科目の「貸方欄」にカーソルを動かしてください。
③次に「フ」で検索して、画面の上欄から『交通費』を選びクリックしてください。
④次に「金額欄」にカーソルを動かして、「2000」と入力してください。
⑤次に「備考欄」にカーソルを動かして、「田中一郎」と入力してください。それで自然に仕訳ができました。求める経理仕訳ができる仕組みです。

平成26年12月13日　（借方）交通費　2000円　（貸方）現金　2000円
（備考）田中一郎

⑴総勘定元帳の「交通費」勘定の借方に次の書き込みをします。
平成26年12月13日　（借方）交通費　2000円　（備考）田中

(2) 損益計算書の「販売費および一般管理費」グループの「交通費」勘定に2000円を加算した合計を表示します。

(3) 貸借対照表の「流動資産」グループの「現金」勘定から2000円を差し引いた金額を差引計で表示します。

原　山本さん。ありがとうございました。言われたとおりに入力しましたよ。経理は分からないけれど、キーボードをたたいて入力する作業はできますので……。

山本　原さん。それであなたの仕事は一応、終わりです。ではその結果が、入力した財務会計ファイル（経理帳簿）にどのように反映されているか見てみましょう。田中社長も確認するために見るかもしれませんよ。

さて、この仕訳は、この画面では見えないのですが、自動的に次の作業をして総勘定元帳と決算書に反映されます。総勘定元帳という帳簿をクリックすると自動的に「帳簿」が開きます。やってみてください。できなければ画面選びも指導しますよ。

できましたか。

では、その現金勘定を選び、「平成26年12月13日」のところを見ると、「交通費2000円」と「貸方表示」（金額欄の右列）がされています。確認してみてください。

「現金が平成26年12月13日に交通費として出金された」と読むわけです。

また、「備考欄」には「田中一郎」とメモ書きが入っています。田中一郎が使った交通費という意味です。

「備考欄」の集計機能を選び、「田中一郎」と入力してクリックしてみてください。できましたか。

田中社長が使った交通費や図書費、その他の入出金がすべて打ち出されてきます。

田中社長は、いつ、何の費用項目で、いくら使ったかが、一目瞭然ですね。

また、田中社長が、会社にお金を貸していることも分かりますね。会社の資金繰りが行き詰まったときがあったのですね。

原　山本さん、ありがとうございました。まだ分からないことが多いのでその都度入力指導してくださいね。

山本　原さん、ありがとうございました。いつでも電話してください。お待ちしています。

Comment

女性の就業希望者数342万人の就業促進について、政府は本腰を入れて支援体制を組みつつあります。この波に乗って、あなたも人生をより楽しいものにしませんか。

所得税の配偶者控除「103万円の壁」と社会保険の第3号被保険者「130万円の壁」

の議論が政府内でも進んでいます。内助の功ではなく、働く女性を支援して女性の活躍を推進するための研究が進んでいます。早晩、あなたも家計全体としての減収対策が必要になるかもしれません。

政府もそのときを見据えて「ＩＴを活用した在宅勤務」の雇用推進や、育児・介護負担の軽減（たとえば、外国人「家政婦」へのビザ発給）を進めています。

ＩＴ活用と在宅勤務は、経理事務に適性があります。クラウド会計（ネット検索［クラウド会計.com］参照）を使った経理事務は、事業主が「自社の経理処理は在宅勤務で十分だ」と理解しさえすれば、広がる可能性があります。現場ではまったく支障なく在宅勤務化が進む環境にあります。ただ企業は、税務申告が必須であることから、税理士顧問が欠かせません。顧問先の経理事務が顧問先の社員が「在宅勤務化」すると、その税理士事務所では、クラウド会計ソフトを設備投資し、同時・同画面で素人のお客様が簡単に経理入力できるよう指導します。

在宅経理が現実のものとなったのは、インターネット・コミュニケーション・テクノロジー（ＩＣＴ）というＩＴ（インフォーメーション・テクノロジー）の革命的な進歩のおかげです。つまり、クラウドコンピューティングの技術（広大な仮想空間でのコンピュータ共同利用）を経理ソフトに適用して、クラウド会計ソフトが超格安（または無料）で提供されたので、このような仕事の環境が現実に出現しているのです。

クラウド会計では、あなたの財務会計情報は1カ所にしかありません。それはいつでも瞬時に変更できる暗証番号で管理されます。暗証番号さえあれば、誰でも、どこからでも、いつでも、あなたの財務会計ファイルに出入りできます。

1つの効能として、経理ができない事務員に「経理仕訳」を指導するとき、同じファイルで経理記帳の支援をします。

7 成長産業である家事代行業の成功事例

●仮称「家事手伝いビザ」による入国外国人の職業あっせんビジネス

外国人の「特定活動ビザ（家事手伝い）」の事例です。

政府発表によると、2015年、推測としては秋口に国家戦略特区内での「家事手伝いビザ（仮称）」が解禁になります。そのころには、この家事手伝いビザで来る外国人の職業あっせんビジネスが大きく開花するはずです。

ここでは、いままで例外として認められた家事手伝いの事例を紹介します。

李さん（仮名、42歳、いわゆる「日配」ビザで在留する中国人）は、裕福な夫がいましたが、夫は愛人をつくって家を出て、離婚することになりました。李さんのもとには、幼い子ども2人が残りました。困った李さんは、中国から年老いた実母を「子どもの世話」という名目で外務大臣に嘆願書を出し、特定活動のビザを申請しました。

その母親は、日本語はできない、教育水準は低い、技能は何もないということで、当初は「不可になる可能性が高い」案件として、入国管理局にビザ申請をしました。李さんは、とにかく生活費を稼ぐため、生命保険会社の外交員として働き、年収300万円見込みの確証が得られる証明書を入手し、嘆願書に添えました。

すると、申請上のテクニックがよかったこともあり、李さんの母親は「子育て支援」という特別活動によるビザ（特別在留資格）を取ることに成功しました。

李さんの子どもは女児2人ですが、祖母の世話によって食事や小学校から帰ってきた後の家庭生活を保全してもらっています。

李さんは、生命保険外交員としては給与見込みが下振れし、年収300万円を稼げなくなりました。そのため、マッサージ治療院に見習い（アルバイト勤務）として通って、何とか目標の年収を稼げる見込みが立ちました。

李さんは、自分自身の一人起業も計画しています。しかし、ここでは「特別在留資格」による「家事手伝い（子育て支援）」という働き方で、生活ができる手段があるということです。この「特別在留資格」による外務大臣の特別措置が、2015年度中には、国家戦略特区内において新設の仮称「家事手伝いビザ」に切り替わる見込みです。

李さんは、母親の「特別在留資格」のビザが下りなかったら、誰かに家事手伝いをお願いして働かないと生活ができなかったわけです。

このように、突然の離婚によって子どもを抱えて働かなければならないというケースは、珍しくありません。もっとも、「生活保護」に走る人もいますが、そうではなく、李さんのように、自力で働こうとする人もいます。

このニーズを捉え、仮称「家事手伝いビザ」の新設に合わせ、許認可に配慮しながら、家事手伝業を立ち上げるということは有効な案だと思います。

Comment

家事手伝いの仕事は、「家事代行業」が産業分類上の名称です。公的な統計はありませんが、政府も女性の家事負担の軽減による女性活躍の推進を経済成長戦略の目玉に据えるほど、「家事代行」は社会的に重要視される仕事です。

家事代行は「家政婦」と呼ばれたり、「メイドさん」と呼ばれたり、イメージとして、何か裕福な家庭での「主婦の下働き」としてプライドに傷がつきやすい仕事かもしれません。

しかし、後ろ向きのイメージではなく、「家事代行業」として一人起業すれば、あなたが経営者です。プライドをもって働ける仕事です。

それに社会の急激な高齢化に伴って、家事手伝いの仕事が増えるのは間違いありません。政府も２０１５年度中をめどに、入国管理法を曲げてまで「国家戦略特区」構想の目玉の１つに据えて、技能・経験を度外視した外国人労働者の受入れを決めました。政府の予測では、新種のビザ発給をしてまで外国人労働者にお願いしないと、「家事手伝い」の数はとても足りないのです。

とても「将来性のある職域」です。

さらに、もう少しこの職域を分析してみましょう。大きく２つのアプローチがあると思います。

１つは、「一人起業」して、自らひとりの家政婦として仕事を請け負うことです。

もう１つは、外国人家政婦を紹介する会社を運営することです。これは、外国人家政婦を探している人と、ビザは下りたけれど働き先が見つからない外国人の双方をつなぐ役割を担う会社です。

まずは、「家政婦紹介所」の許認可を取って、素人づくりで結構ですので、インターネット上にホームページをアップします。最初は「開店休業」の状態ではじめればいいでしょう。

外国人家政婦紹介は、まだはじまっていない仕事ですから、おそらく、ホームページに載せたあなたのキャッチフレーズは、ウェブ検索でトップに表示されるのではないでしょうか。それだけでも勇気が湧く話ですね。

家政婦紹介所の経営方法は、勉強しなければいけません。インターネットで家政婦紹介所を検索して、その紹介所にインタビューを申し込んで、ノウハウを教わるのも1つの手でしょう。許認可も必要ですから、投資の係らない領域に絞り込んで仕事をはじめるとよいと思います。許認可で「隣接の規制外」の領域の仕事まで「ダメ」と言って脅かされることはありません。

資金なしで技能もなく気力もなえたあなたが、この仕事に魅力を感じたけれどどうしてよいか分からないときは、私を訪ねてください。きっとよい相談相手になれると思いますよ。

8 製造企画コンサルタントの成功と失敗の事例

(1) 成功事例——町工場と商品化に成功した紙小物デザイナー

関口敬子さん（28歳、仮名）は、紙の工作物を考え、商品化しています。紙工職人の工場に制作を依頼して、自分で販路を見つけて販売するのです。紙小物デザイナー兼商人といった感じです。彼女はあまり生活には困っていません。

ただ紙小物のデザインに関して興味があり、商売としてやりたいと考えているのです。自宅兼用の工房で、デザインを考え、サンプル制作をして、商品としての販促パンフレットまで制作しています。紙小物といえば「折り紙」もその1つですが、いわば「ありふれた」素材を使ったデザイナーということになります。

論点は「新規性」です。

流行の入れ替わりが激しい業界では、新しいものが出て、売れだすと「我も我も」とまねをして似たものばかりが市場に出回ります。ですから、常に新しいデザインや素材を開発していかなければ、持続的な経営はできません。

ヒット商品ができたら、タイミングよく集金まで終え、先行利益を得ます。そして、サッと次の商品の開発に進みましょう。

Comment

関口さんのよいところは、制作を依頼している紙工場の紙工職人をひとりに限定していることです。ひとりに限定しないであちこちに制作を依頼すると、情報が漏れて、盗作されやすくなります。そうなれば事実上、商売が成り立たなくなります。彼女はこのことをよく知っています。

紙工場も大手ではありません。彼女が足で調べた、いわゆる「下町の町工場」を選んでいます。そのメリットは、まず機密が漏れないこと、工場主が熟練の技術者であること、工作に工程上の相談や意見交換ができ、作業にも無理を言えること、納期に無理がきくことです。

ところで、紙小物デザイナーのような製造企画コンサルタントは、収入が安定しにくい面があります。そのため、一人起業する場合は、たとえば、「土日起業」をお勧めします。そうでないと、「生活の糧」が稼げなくなったとき、すぐに廃業に追い込まれてしまいます。反対に「土日起業」で、気楽にアイデアを温めることができれば、生活も安定しますし、精神的にも安定します。ひょっとしたら「大当たり」の収入が得られるかもしれません。ある意味「運と才能次第」というところです。

そのような資金不要の「一人起業」で「土日起業」をしていると、だんだんと人脈ができ、業界の浮き沈みや経営問題などが徐々に分かってきます。ひょっとしたら商品が製品として「定番化」するような状態になってくるかもしれません。そして運よく安定的な収入が稼げるようになれば、「会社化」してやってみるのもよいでしょう。

関口さんは、幸い、5つのデザインを創作し、紙工場の職人の賛同も得て、商品化することができました。販売は初の試みで「インターネット通販」とし、小ロット・多種製品を目指して、紙工場と協力体制を組むことに成功しました。後は売るだけですが、売れなくても特に損をすることはありません。

私は、このような「一人起業」は素晴らしいと考えます。銀行融資の専門家からすると「ダメ起業」と言われそうですが、銀行融資のために起業するわけではありませんから、気にする必要はありません。

(2) 失敗事例——頭のよい発明家が起業に失敗!?

木ノ内幸義さん（62歳、仮名）は、大企業の元エンジニアで、社内ではアイデアマンで通っていた人です。

経済環境としては、大企業ですから、相当な額の退職金が入りました。また、年金ももらえるめどが立っています。妻は専業主婦ですが、子どもも独立して、自分たちが生活できればそれでよいという状況です。

木ノ内さんは、折からの不況で、会社では冷や飯を食うことが多かったと言います。それで「この際……」と思い、3年前に早期退職することにしました。

会社でいくつもの特許を開発した経験と自信があった木ノ内さんには、退職後に独立して自分のアイデアで事業に成功するという自信がありました。頭の中では、新しい製品のアイデアが泉のように湧き上がっていたのです。

しかし、大企業で生きてきた木ノ内さんは、大企業がほしがるような特許や実用新案が得意ですが、それらを開発するには大きな問題がありました。アイデアを「商品化」するには資金が要るのです。木ノ内さんは、「独立しても資金は何とかなる」と錯覚していました。木ノ内さんは真面目にそう思っていたのです。

独立して「金融機関」に相談に行きました。すると「売れる見込み」が分からないものに出資はできないと断られました。そこで「経営計画書」をつくり、もうかることを証明しようとしました。しかし、銀行の融資担当は「売れるか売れないか分からないのに売れると決めつけての経営計画など、信用できない」と、また断られました。

一般論ですが「実績のない見込み売上だけでお金は貸せない」というのが銀行融資のルールなのです。

Comment

木ノ内さんは、大企業で働いてきたいわば「秀才」です。しかし、ひとりで起業するとき、あまり経営計画も考えず、ある意味で「せっかち」な起業を実行してしまいました。

大企業がほしがる新規性のある製品開発は、大企業が自分でやる領域です。よほど大きな発明であれば、誰か支援してくれるかもしれませんが、たとえ木ノ内さんのような秀才が「市井」でアイデアを出したとしても、よい悪いは別にして、実現はむずかしく、実態としてはアイデアを盗まれることになります。

もう1つ問題があります。それは財務上の問題です。試作品をつくり、市場調査して売りに出すには、膨大な資金が必要です。個人ではとても無理です。

もちろん、政府もそのような起業家のために「特許支援」などの無料支援策を設けてはいます。しかし、それは、たとえば、「特許料の一部負担」という程度のものです。その程度ではとても木ノ内さんのような一人起業を支援したことにはなりません。そういう実社会の現状をわきまえて起業の業種を選ぶべきなのです。

この類の、いわば「大企業スピンアウト組」の秀才は少なくありません。事前の相談を私たち専門家にしていただきたいところです。

9 消費税還付を狙う「輸出業」

(1) 成功事例――一人起業の「輸出業」

楊龍虎さん（58歳、仮名）は、3年前に東京に楊国際貿易株式会社（仮名）をつくり、投資経営ビザで「コンピュータ部品の輸出」をはじめました。以前に働いていた知り合いの貿易会社でノウハウを習得しました。

輸出業は、外国に輸入をしてくれる会社がないとうまくいきません。楊さんは、中国の輸入業者の何人かと長い付き合いがあります。そのように「渡り」をつけて商売をはじめる中国人は多いのです。

ここで紹介する「一人起業の『輸出業』」は、そのように外国にツテがある人にお勧めです。そうでない場合は、現実問題として、事業を継続的に続けるのはむずかしいと思います。

さて、そのノウハウは「輸出は消費税が免税」という一点を捉えて行う商売です。たとえば、1億円で仕入れて1億円で売るとします。通常の利益は0円。商売になりません。

しかし、輸出業であれば、売る商品に消費税は掛からないので売値は1億円です。仕入の消費税込1億円は、消費税5パーセント（当時）の476・2万円を含んだ金額です。

そのため、消費税申告をすると、その500万円弱は税務署から還付を受けることができるのです。

このような商売をするのは、商品のことや日本からの輸出手続きなど、輸出に関わることについて熟知した人です。そのような商品の買い手は、外国にいて「売り手」のお世話を期待している人です。つまり、買い手が売り手に「お願いしますよ」「任せてください」という良好な関係の商売で、人間関係が国内外でできている人たちの商売といえます。

2014年に入って楊国際貿易株式会社は、為替相場が円安に振れてから、外国の輸入業者側が買い入れを増やしてくれています。そのおかげもあり、楊さんは消費税部分が戻る「輸出品の消費税還付」で潤う結果となっています。

もちろん、為替相場はいつどう振れるか、経済専門家でもほとんど分かりません。そのため、この業種については、この時期として「成功物語」を事例として紹介するわけにはいきません。

2014年秋に為替相場が1ドル115円を超えて円安に振れ、中小零細の輸出業は一般的には好況といわれますが、業種により、「そもそも論」として、グローバルな景気後退の影響を受けて、商品が相手国で売れなくなり苦労している零細企業も多い状況です。

楊さんのケースは、ラッキーな例といったところです。でもよかった、よかった。

(2) 失敗事例——為替動向に翻弄《ほんろう》されて失敗

輸出業で起業する人は多いですが、失敗もあります。ここでは廃業事例を紹介しましょう。

2010年ころ、中国人の呉建永さん（45歳、仮名）は、日本で貿易株式会社を設立して、上海の知り合いの会社にコンピュータを含む廃品の精密器機の輸出をはじめました。

販売代金の契約は、相手と親しい間柄だったのでお互いの協議により決めることができ、当初はトラブルもなく何とかやれました。

しかし、昨今の「円安傾向」で上海の知り合いの会社も相場とのバランスが取れなくなり、貿易ができない事態に追い込まれました。両者は親しい間柄なので、お互いにとって最良の道を探るべく、今後の為替動向を研究して議論しました。

結論として、「当分は為替水準が円高に振れにくい」という専門家からのアドバイスも考慮して、呉さんは上海への輸出をやめることにしました。そのため呉さんは、2014年に日本の貿易株式会社を中止するため、理由書を添えて、11月に「休眠届」を税務署と都税事務所に出しました。

その後、呉さんは生活の糧を稼ぐため「就活」をはじめましたが、なかなか就職先は見つからず、やむなく休眠届を出してから1カ月を待たず、入国管理局に申し出て中国に帰ることにしました。

休業しても会社の決算は赤字です。決算期は3月となっていましたが、期首4月から休眠届を出した11月までの間の法人地方税（均等割）を支払う必要があります。また、呉さんの2014年1月から11月までの給与に関する源泉税に関しては、2014年7月10日に納付しています。しかし、8月から11月までの分は2015年1月20日に納付することになりました。そのため納税管理人を置く必要があり、呉さんの日本の友人が引き受け、納税管理人届を税務署などに提出しました。

呉さんは、今度は中国から日本に輸入する貿易商品の検討に入っています。少なくとも上海の会社は、呉さんを利用して日本との交易を望んでいます。

しかし、呉さんが日本で輸入業をはじめるとした場合は、日本での販売先とのコネをもたなければなりません。日本での買い付けは何とかなったのですが、日本での販売となると、熾烈な競争に曝されることになります。上海の会社は特別にアドバンテージのある商品をもっているわけではありませんので、苦戦が予想され、呉さんは重い気持ちにさいなまれています。

Comment

一般に、一人起業で「輸出業」をやろうと考えるとき、いままで勤めていた会社の取扱商品など特別な商品ではなく、いわば「ありふれた商品」を扱う人が少なくありません。商品知識などのノウハウが、自分の経験の範囲にしかないからです。

そのため一般論としては、「輸出は好調」であっても、零細企業の現場では、多くの「ありふれた商品」に関わる輸出売上がうまくいかず、手詰まりになります。このマクロ的な経済現象は、グローバルな景気後退の局面では、「商売の浮き沈み」として仕方がありません。

２０１４年は円安でもうかるはずだから輸出業をはじめよう、という人も中にはいると思いますが、すでにはじめた人でやむなく廃業に追い込まれている人が少なからずいます。

それは自分の扱ってきた商品の売れ行き具合だけで経営をするという観点が、少し狭くなっている場合があるからです。会社は「営業部長」の能力だけでは経営が成り立ちません。経営には営業（売れる商品、製品またはサービスとそれを売る能力）と管理（お金・人・法務）に関する全体的なセンスが必要です。

「おわりに」にかえて——大事な税務の話

個人事業なら事業主、会社なら社長が、事業のための出費を立て替えるという話は、ままあることです。

「見受けられる」というよりは、普通です。いわゆる事業主・社長の「ポケットマネー」で、事業が動いているといっても過言ではありません。いわば「個人と企業」のお勘定がいわゆる「どんぶり」勘定になっている状態です。

あなたは、それはいけないことだという先入観をおもちですか。

私は、それでよいと考えています。

つまり、どんぶりというのは、お金の管理がどんぶり（公私混同）という状態です。実態がそうなのですから、いいではありませんか。たいした問題ではありません。ただし、お金の伝票や書類はどのような形式であれ、証拠として保存しておかなくてはなりません。

駅で1回ごとに支払う電車代はどうするのですか。

営業、技術、その他の経営に掛かる経費や電車代は、日々「営業報告書（メモ）」で記しておきます。交通費（電車代、タクシー代）がいくらで、何のために出費して、どういう効果があったかの記録を残してください。領収書の取れない出費は、すべてそのような記録に残す必要があります。

それができないと、その「どんぶり」は、腐った丼です。企業としては、後で（判例では最低1カ月に1度）帳簿をつけなければいけないことになっているので、その簿記が仕訳できません。それでは具合が悪いです。

判例で「最低1カ月に1度の帳簿つけ」と言いましたが、誰も訴えなければ、1年に1度でもかまわないといえば、かまいません。税務署や警察・検察庁があなたを訴えたり、告発するというケースは、理屈としては何か相当に悪いことをしない限り起きないでしょう。

ただあなたが税務上、損をするだけです。

事業をして帳簿をつけないでいると、どうなるかというと、税務署に見つかった場合、最悪7年さかのぼって「税務調査」が入ります。売上（収入）がないと、証拠を捕まれた出費のお金は「どこからもらったのですか」という質問がされます。

その質問は、税法による国税徴収法という法律による「質問検査権」という国家権力で、税務署の調査官があなたを「税務調査」します。対応しなかったり妨害すると「刑法」に引っ掛かったり、税務署が職権で「決定」と言って、調査官の推定する課税所得を基にして、「いくら払いなさい」と言ってきます。

支払いに応じないと、税務署の徴収官が差押えをします。差押物件がなければ、原則として納税者を告発し、裁判になります。

起業して帳簿をつけないと、筋道・理屈としては、ここまで事態が悪化する恐れがあります。ですから、いわゆる「複式簿記」による帳簿はつけなければなりません。

お金の管理を公私混同で「どんぶり」でやることと、経理管理を「どんぶり」でやるということは、意味が違うことを理解しておいてください。

あなたの経営に関して、常に証拠書類（受け取る領収書、発行する領収書、受け取る請求書、発行する請求書、受け取る納品書、発行する納品書、契約書、預金通帳、領収書がない出費は「出費明細（メモ書き）」または「出金伝票（メモ書き）」、領収書のない入金は「入金明細（メモ書き）」または「入金伝票（メモ書き）」）があれば、理屈としてはそれらに基づいて後で（いつでも）、決算書が作成できます。

そして、その決算書に基づいてその年分の課税所得の計算ができ、確定申告をすることにより、納税額が確定します。それを支払えば、刑事事件になることはありません。もっとも、期限内に申告をしないと、無申告加算税（別途、地方税の加算金）、延滞税（別途、地方税の延滞金）、利子税などが掛かってきます。

ただ悪意や犯罪性があると、重加算税や告発・逮捕などが絡んできますが、そのような恐ろしい話は、一人起業のみなさんにお話しする内容ではありません。

脱線してしまいました。話をもとに戻しましょう。

帳簿つけですが、税務署に提出する青色申告申請を出して「欠損金の繰越控除」などの恩典を受ける青色申告でなくても、２０１５年からは、帳簿はいわゆる「白色申告」でも、複式簿記による帳簿作成が事業主（会社なら社長）に義務づけられることになりました。

その対策としては、個人事業なら起業から2カ月以内に、会社なら起業から3カ月以内に、青色申告申請をしてください。遅れるとその期は白色申告（帳簿作成義務あり）になり、いろいろ不利益を被ります。

この青色申告申請（申請書は控えと正本の2部で申請し、郵便の場合は82円切手を貼りつけた返信用封筒を同封して郵送すること）をしておけば、起業の出だしが、売上がなく出費だけでも、「繰越欠損金」としてその出費分は翌期に繰り越され、翌期以降の黒字と相殺でき、たいした不都合は生じません。

さて、本書では成功する（失敗しない）一人起業の方法を紹介してきました。

一人起業で創業し、長く存続する企業には1つの特徴があります。それは「資金繰り」が行き詰まらないことです。個人事業であっても会社であっても、1つの事業体（企業）として出費をした分に対して、それを埋め合わせるお金がどこからか入ってくれれば倒産しません。

「お金がなくなれば倒産する」ということさえ認識し、「お金がなくならない経営」をすれば、あなたがやろうとする「カネなし・コネなし・技術なしの一人起業」は成り立ちます。

事業所（本店）は自宅で、見込み売上に基づく借金はしない。どうしても創業資金が必要な場合は、返済猶予が効く親族・友人から借り、しっかりとした事業で返済が確実であれば、国の機関である信用保証協会の保証を裏付けに銀行から融資を受けます。後は、日本政策融資公庫から保証なし融資を受ける方法があります。これら３つに１つの選択しかありません。

この経営方針さえ決まれば、後は、本書で紹介したような無償サービスや激安サービスで、いろいろな経営支援を受けてもいいでしょう。インターネットで検索すれば、そうしたサービスは見つかります。

経済成長を求める国は、「起業」には大きな期待を掛けています。特に起業・創業については、２０１４年春ごろから政府の掲げる経済成長戦略の１つの目玉として位置付けられているため、官民総出で、特に女性、若者、シニアの起業支援が行われています。

そのため昨今では、無料の「起業家のための経営ノウハウ支援」もちらほらはじまっています。公的な「起業教育」も行われるようになりました。インターネットで検索してみてください。国や県が起業支援のセミナーを開いています。

また、融資についても、これから起業する方を対象にした公的融資が受けられます。窓口は県庁、市区町村税務課の「創業融資係」に相談してください。保証協会保証を前提にした小口の銀行融資が受けられます。また、日本政策金融公庫でも、創業したての方を対象にした融資を申請できる制度ができています。さらに、第二次創業といって、以前に経営がうまくいかず銀行融資が滞っていた方でも、金融機関が納得のいく一定の「経営改善」を行えば、新たに公的融資が受けられる道が開かれています。敗者復活戦というわけです。詳しくは、〈公的融資.tokyo〉などをネット検索してみてください。

融資以外のことなら、民間でもいろいろな無料支援を受けることができます。面倒だと思わずに、インターネットで無料サービスを探してみてください。

そのような支援を受けながら、「カネなし・コネなし・技能なしの一人起業」でも、心細いと感じることなく、立派に続けられると思います。「起業の成功パターン」があるのです。

大事なことは、「経済の現場」であなたが起業したいと思う気持ちに揺るぎがないことです。若いうちは「起業したい」と意気込んでいますが、年を取るとやがて「やむを得ず起業する」となる場合が多いかと思います。しかし、起業は起業。結果を見てみないと、成功か失敗かはわかりません。「やってみなはれ」です。

もう1つ大事な「起業の成功パターン」をお伝えしましょう。それは「ほかの人がやっていない仕事」、もしくは「この仕事は『こうする』とうまくいくのに、という人と違う工夫のある仕事」が起業対象としては一番望まれます。これができている起業は、いわば「元気な起業」です。

この「元気な起業」になることは理想ですが、しかし、「元気な起業」にならなくても「起業」はできます。それはやはり収入を超えない範囲で出費する起業です。収入がないなら収入ができるまで出費しない、もしくは、出費しないで収入の道を考える起業です。こうしたかたちの起業は世間から注目を浴びることはありません。どちらかというと「地味」「日陰」という感じで運営する起業です。でも、人それぞれの経済環境、生活環境、社会環境に合わせて精いっぱいやっていれば、いろいろな工夫の仕方を見つけたり、うまくやるための情報に出合います。時間が掛りますが、焦ると精神衛生上よくありません。とにかく焦らずに続けます。「出費が収入を超えない」ので、倒産することはありません。生活さえできれば、あなたの起業はずっと長続きします。これが本当の「一人起業の匠のかたち」です。

後は、あなたに経営の才能があれば、そのうち芽が出るでしょう。経営の才能がなければ芽が出ないでしょう。しかし、経営の才能のない方でも、「倒産はしない」のです。それでよいでしょう。そのうち「創業10年」となるころには、あなたの何かが変わっているはずです。

２０１５年４月

堂上孝生

■著者プロフィール

堂上孝生（どうがみ たかお）

アアクス堂上税理士事務所《一人起業 .com 》
一般社団法人「一人起業支援協会」代表理事
日本心理カウンセラー協会正会員
認定支援機関税理士（東京税理士会所属第 45825 号）
法務省入国管理局申請取次行政書士（東京第 132007200343 号）

1943 年 2 月 6 日生まれ。

大阪市立大学卒業後、日本ＩＢＭでＮＹ本社での生産枠調整や工場発注等を担当した後、米国大手の現地販売会社・日本テクニコンへ移り経理責任者として本社への財務諸表報告等を担当。

振り返ると 12 年近く外資系企業に在籍した。

当時国税庁在籍中の元熊本国税不服審判所長野水鶴雄先生（所得税の神様）や税理士山本守之先生（法人税の神様）の薫陶を受け、1977 年税理士試験に合格。

1980 年 11 月税理士開業、現在に至る。

開業当時の顧問先ゼロから、スタッフに恵まれ数年後には顧問先 140 社ほどの中堅の税理士事務所になった。現在は一人起業家など 2,000 社ほどの税務顧問を務める。

決算申告業にはＩＣＴ経営環境としてクラウド会計が出現し《クラウド会計 .com》、経営革新面では経理の在宅勤務化が新事業活動促進法（活促法）の新事業認定を受けた。

2013 年には、金融庁と中小企業庁から選抜認定を受けた公的立場の経営革新等支援機関（認定支援機関）として、一人起業支援を通じ数年後の顧客１万社関与を推進している。

古い経理をクラウド会計（会計ソフト .tokyo 参照）で「一人起業」の新支援体制（一人起業 .com）を構築する。その維持・管理に抜本的な社内の経営革新《在宅勤務 .com》に取り組み、クラウド会計との合わせ技による経営体制の確立を通じて、起業家の支援をしている。

企画協力　ネクストサービス株式会社　代表取締役　松尾昭仁
組　　版　GALLAP
イラスト　Shima.
装　　幀　株式会社クリエイティブ・コンセプト

ベテラン税理士だけが知っている
一人起業の成功パターン

2015年　5月20日　第1刷発行

著　者　　堂上　孝生
発行者　　山中　洋二
発行所　　合同フォレスト株式会社
郵便番号 101-0051
東京都千代田区神田神保町 1-44
電話 03（3291）5200　FAX 03（3294）3509
振替 00180-9-65422
ホームページ http://www.godo-shuppan.co.jp/forest
発売元　　合同出版株式会社
郵便番号 101-0051
東京都千代田区神田神保町 1-44
電話 03（3294）3506　FAX 03（3294）3509
印刷・製本　新灯印刷株式会社

■刊行図書リストを無料進呈いたします。
■落丁・乱丁の際はお取り換えいたします。

ISBN 978-4-7726-6042-6　NDC 335　188×130